U0518254

见识城邦

更 新 知 识 地 图　　拓 展 认 知 边 界

讲给大家的中国历史
—11—

光明与黑暗并存的时代

杨 照 - 著

中信出版集团 | 北京

图书在版编目（CIP）数据

讲给大家的中国历史. 11, 光明与黑暗并存的时代 /
杨照著. -- 北京 : 中信出版社, 2022.3（2024.11重印）
　ISBN 978-7-5217-3481-2

　Ⅰ.①讲… Ⅱ.①杨… Ⅲ.①中国历史 – 通俗读物
Ⅳ.①K209

中国版本图书馆CIP数据核字(2021)第176108号

本书仅限中国大陆地区发行销售

讲给大家的中国历史11：光明与黑暗并存的时代

著　　者：杨照
出版发行：中信出版集团股份有限公司
　　　　　（北京市朝阳区东三环北路27号嘉铭中心　邮编　100020）
承　印　者：北京通州皇家印刷厂

开　　本：880mm×1230mm　1/32　　印　张：10.75　　字　　数：224千字
版　　次：2022年3月第1版　　　　　印　　次：2024年11月第5次印刷
书　　号：ISBN 978-7-5217-3481-2
定　　价：48.00元

目 录

第四讲　王阳明与理学新发展

第五讲　明代的戏曲与小说

第六讲　黄仁宇与《万历十五年》

第七讲 明代的财政及其危机

第十讲 崇祯皇帝 —— 心理史学的分析

重新认识中国历史

01

　　钱穆（宾四）先生自学出身，没有学历，没有师承，很长一段时间在小学教书，然而他认真阅读并整理了古书中几乎所有春秋、战国时期的相关史料，写成了《先秦诸子系年》一书。钱穆之所以写这样一本考据大书，很重要的刺激来自名噪一时的《古史辨》。钱穆认为，以顾颉刚为首的这群学者"疑古太过"，戴着先入为主的有色眼镜看中国古代史料，处处寻觅伪造作假的痕迹，没有平心静气、尽量客观地做好查考比对文献的基本功夫。功夫中的功夫、基本中的基本，是弄清楚这些被他们拿来"疑古辨伪"的材料究竟形成于什么时代。他们不愿做、不能做，以至于许多推论必定流于意气、草率，于是钱穆便以一己之力从根做起，竟然达成将大部分史料精确排比到可以"编年"的成就。

很明显，《先秦诸子系年》的成就直接打击了《古史辨》的可信度。当时任职燕京大学，在中国学术界意气风发、引领风骚的顾颉刚读了《先秦诸子系年》，也立刻理解了钱穆的用意。他的反应是什么？他立刻推荐钱穆到广州中山大学教书，还邀请钱穆为《燕京学报》写稿。中山大学钱穆没有去，倒是替《燕京学报》写了《刘向歆父子年谱》，钱穆说："此文不啻特与颉刚诤议，颉刚不介意，既刊余文，又特推荐余在燕京任教。"

这是个"民国传奇"。里面牵涉那个时代学者对于知识学问的热情执着，也牵涉那个时代学者的真正风范，还牵涉那个时代学院重视学识高于重视学历的开放氛围。没有学历的钱穆在那样的环境中，单靠学问折服了潜在的论敌，得以进入当时的最高学府任教。

这个传奇还有后续。钱穆后来从燕京大学转往北大。"中国通史"是当时政府规定的大学历史系必修课，北大历史系惯常的做法，是让系里每个老师轮流排课，将自己擅长的时代或领域浓缩在几堂课中教授，用这种方式来构成"中国通史"课程。换句话说，大家理所当然地认为"中国通史"就是由古至今不同断代的中国历史接续起来的，顶多再加上一些跨时代的专史。

可是，被派去教授"中国通史"课秦汉一段历史的钱穆，不同意这个做法。他公开对学生表达了质疑：不知道前面的老师说了什么，也不知道后面的老师要说什么，每个老师来给学生片断的知识，怎么可能让学生贯通地理解中国历史？学生被钱穆说服了，也是那个时代的精神。学生认为既然不合理就该要求改，系里也同意既然批评、反对得有道理就该改。

怎么改？那就将"中国通史"整合起来，上学期由钱穆教，下学期则由系里的中古史大学者陈寅恪教。这样很好吧？问了钱穆，钱穆却说不好，而且明白表示，他希望自己一个人教，而且有把握可以自己一个人教。

这是何等狂傲的态度？本来只是个小学教员，靠顾颉刚提拔才破格到北大历史系任职的钱穆，竟然敢排挤数不清精通多少种语言、已经是中古史权威的大学者陈寅恪，自己一个人独揽教"中国通史"的工作。他凭什么？他有资格吗？

至少那个年代的北大历史系觉得钱穆有资格，依从他的意思，让他自己一个人教"中国通史"。钱穆累积了在北大教"中国通史"的经验，后来在抗战中随西南联大避居昆明时，埋首写出了经典史著《国史大纲》。

02

由《国史大纲》的内容及写法回推，我们可以明白钱穆坚持一个人教"中国通史"，以及北大历史系让他教的理由。那不是他狂傲，而是他对于什么是"通史"提出了当时系里其他人没想到的深刻认识。

用原来的方式教的，是"简化版中国历史"，不是"中国通史"。"中国通史"的关键，当然是在"通"字，而这个"通"字显然来自太史公司马迁的"通古今之变"。司马迁的《史记》包纳了两千多年，如此漫长的时间中发生过那么多的事，对于一个史家最大的挑战，不在于如何收集两千多年来留下来的种种资料，而在于如何从庞大的资料中进行有意义的选择，从中选择什么，又放弃什么。

关键在于"有意义"。只是将所有材料排比出来，呈现的势必是偶然的混乱。许多发生过的事，不巧没有留下记录；留下记录可供后世了解的，往往琐碎零散。更重要的是，这些偶然记录下来的人与事，彼此之间有什么关联呢？如果记录是偶然的，人与人、事与事之间也没有什么关联，那为什么要知道过去发生了什么？

史家的根本职责就在于有意识地进行选择，并且排比、串联所选择的史料。最简单、最基本的串联是因果解释，从过去发生的事情中去挖掘、去探索"因为／所以"：前面有了这样的现象，以至于后来有了那样的发展；前面做了这样的决定，以至于后来有了那样的结果。排出"因为／所以"来，历史就不再是一堆混乱的现象与事件，人们阅读历史也就能够借此理解时间变化的法则，学习自然或人事因果的规律。

"通古今之变"，就是要从规模上将历史的因果解释放到最大。之所以需要像《史记》那样从文明初始写到当今现实，是因为这是人类经验的最大值，也就提供了从过往经验中寻找出意义与智慧的最大可能性。我们能从古往今来的漫长时间中找出什么贯通原则或普遍主题呢？或者通过消化漫长时间中的种种记录，我们如何回答那些只有放在历史长河里才能回答的关键问题呢？

这是司马迁最早提出的"通古今之变"理想，应该也是钱穆先生坚持一个人从头到尾教"中国通史"的根本精神价值来源。"通史"之"通"在于建立一个有意义的观点，帮助学生、读者从中国历史中看出一些特殊的贯通变化。这是众多可能观点中的一个，借由历史的叙述与分析能够尽量表达清楚，因而也必然是"一家之言"。不一样的人研究历史会看到、突显不同的重点，提出不同的解释。如果是不同时代、不同主题就换不同人从不同观点来讲，那么追求一贯"通古今之变"的理想与精神就无处着落了。

03

这也是我明显不自量力一个人讲述、写作一部中国历史的勇气来源。我要说的，是我所见到的中国历史，从接近无穷多的历史材料中，有意识、有原则地选择出其中一部分，讲述如何认识中国历史的一个故事。我说的，只是众多中国历史可能说法中的一个，有我如此述说、如此建立"通古今之变"因果模式的道理。

一言以蔽之，这个道理是"重新认识"。通过学校教育、普遍阅读或大众传媒，一些读者对中国历史有了一些基本常识和刻板印象。我试图做的，是邀请这样的读者来"重新认识"中国历史，来检验一下你以为的中国历史和事实史料及史学研究所呈现的，有多大的差距。

在选择中国历史叙述重点时，我会优先考虑那些史料或史学研究上扎实可信，却和一般常识、刻板印象不相合甚至相违背的部分。这个立场所根据的，是过去百年来，"新史学"、西方史学诸方法被引进并运用到研究中国历史中所累积的丰富成果。但很奇怪也很不幸的是，这些精彩、有趣、突破性的历史知识与看法，却迟迟没有进入教育体系，没有进入一般人的历史常识中，以至于21世纪的大部分人对中国历史的认识，竟然还依循100多年前流通的传统说法。"重新认识"的一个目的，就是用这些新发现、新研究成果修正、挑战、取代传统旧说法。

"重新认识"的另一个目的，是回到"为什么学历史"的态度问题上，提供不同的思考。学历史到底在学什么？是学一大堆人名、地名、年代，背诵下来用于考试时答题？这样的历史知识一来在互联网上随时都能查到，二来和我们的现实生活有什么关联？还是学用现代想法改编的古装历史故事、历史戏剧？这样的历史，固然有现实联结，方便我们投射感情入戏，然而对于我们了解过去、体会不同时代的特殊性，有什么帮助呢？

在这套书中，我的一贯信念是学历史最重要的不是学What——历史上发生了什么，而是要探究How和Why——去了解这些事是如何发生的，为什么会发生。没有What当然无从解释How和Why，历史不可能离开事实叙述而只存在理论，然而历史也不可以、不应该只停留在事实叙述上。只叙述事实，不解释如何与为什么，无论将事实说得多么生动，也无助于我们从历史认识人的行为多样性以及个体或集体行为逻辑。

借由述说漫长的中国历史，借由同时探究历史中的如何与为什么，我希望一方面能帮助读者梳理、思考当下的文明、社会是如何形成的，一方面能让读者确切感受到中国文明内在的多元样貌。在时间之流里，中国绝对不是单一不变的，中国人、中国社会、中国文明曾经有过太多不一样的面貌。这些历史上曾经存在的种种面貌，加起来才是中国。在没有如实认识中国历史的丰富变化之前，先别将任何关于中国的看法及说法视为理所当然。

04

这是一套一边说中国历史，一边解释历史知识如何可能的书。我的用心是希望读者不要只是被动地接受这些信息，将其当作斩钉截铁的事实，而是能够在阅读中去好奇、去思考：我们怎么能知道过去发生了什么，又如何去评断该相信什么、怀疑什么？历史知识的来历常常和历史本身同样曲折复杂，甚至更加曲折复杂。

这套书一共分成 13 册，能够成书的最主要原因是台湾"敏隆讲堂"和"趋势讲堂"让我两度完整地讲授中国通史课程，每一次课程前后横跨 5 个年头。换句话说，从 2007 年第一讲算起，我花了超过 10 年的时间。在 10 年备课及授课过程中，我的大部分时间都用于消化关于中国历史的研究的各种论文及专著，并努力吸收这些研究的发现与论点，尽量有机地编组进我的历史叙述与讨论中。明白地说，我将自己的角色设定为一个勤劳、忠实、不轻信、不妥协的二手研究整合者，而不是进入原始材料提出独特成果的人。只有放弃自己的原创研究冲动，虚心地站在前辈及同辈学者的庞大学术基础上，才有可能处理中国通史题材，才能找出一点点"通"的心得。

这套书有将近200万字的篇幅，时间范围从新石器时代到辛亥革命。这样一套书，一定不可避免地夹杂了许多错误。我只能期望将单纯知识事实上的"硬伤"降到最低，至于论理与解释带有疑义的部分就当作"抛砖引玉"，请专家读者不吝提出指正意见，得以将中国历史的认识推到更广且更深的境界。

第 一 讲

近世后期的
历史动力

克罗齐的名言"所有历史都是当代史"

意大利哲学家克罗齐（Benedetto Croce）有一句经常被引用，也经常被误解的名言——"所有历史都是当代史"。很多人引用这句话，是为了表现或批判历史如何受到当代政治意识形态影响，甚至是因政权统治的需要而被改写：原本的"暴君"秦始皇被改写成权力典范，原本的圣人孔子变成了大坏蛋。不能说克罗齐这句话中没有这层意思，但他所要表达的哲学立场，涵盖的范围更广。

他要指出的，是一个普遍的知识现象，一个必然。不同时代有不同的关怀，带着自身社会的不同价值观，一定会影响、改变看待历史的角度，以及叙述历史的方式，所以会讲出、写出不一样的历史。

从历史探究的角度还可以再补充：不同的时代在研究历史上，

会有不同的史料，也会具备看待、解读史料的不同能力，如此看过去，当然会看到不一样的历史。这才是克罗齐整理人类经验得到的普遍规则。

克罗齐说这句话时，西方文化正在积极思考历史与历史学，重新定义什么是历史。19世纪因应欧洲知识大爆炸，"历史"概念也得到了大幅扩张。过去的人写下来的历史不是历史的全部，留下来的文献记录也不是历史的全部。历史是过去人类经验的总和，这是19世纪出现的对于历史的最大范围定义。

后来的人绝对不可能完全重建、完全掌握历史。不同时代的人，会从这全幅近乎无穷大的历史范围中，选取出自己认为有意义的一小部分，建构为这个时代的历史知识。既然是选择，而且是从近乎无穷大之中选出极小极小的部分，那么当然每个人每个时代选择的都不一样，都有不一样的选择原则与选择标准，所以每个时代写出来的历史都是"当代史"，也就是依照这个时代的原则与标准选取出来的。

如此扩张后的全幅历史观念，在19世纪之后，引导人类去关心、去检讨第二序与后设的问题。意识到不同时代的人以不同的方式写历史，这是从古就一直存在的现象，于是回头读以前的人所写的历史书，我们就可以问，也忍不住要问：他们是基于什么样的时代意识、时代价值而写出了这样的历史？

过去觉得历史就是历史，不管哪个时代写的历史我们都扁平、统一地看待。东汉的人写西汉历史，南朝的人写西汉历史，宋朝的人写西汉历史，清朝的人写西汉历史，对我们来说都是西汉历史。重点在"西汉"，而不必去理会是什么时候的人写下来的，我们关心的是被记录被书写的西汉，而不是写下这些记录的不同时代。

新的历史定义与观念，让我们改变了眼光。我们开始去探索：这些不同时代对于西汉的说法有什么不同？为什么会产生这样的不同？这反映了这些时代什么样的"当代"信念或需求？

也就是过去不管任何时代写的西汉历史，以前我们只注意西汉，现在我们发现我们可以也应该通过宋朝人写西汉来理解宋朝，从清朝人写西汉来理解清朝。不再是单层、扁平的时间，而是多层、立体的时间。

唯物史观："下层结构"决定了"上层结构"

19世纪到20世纪，和其他知识领域一样，在西方相应有了历史大爆炸的现象。许多新鲜的角度、看法、评断被提出来，持续挖掘出以前没看到过、没注意过的历史面向。

其中很重要的一个新角度、新看法是"唯物史观"。"唯物史观"提供的最主要突破，在于区分"下层结构"与"上层结构"，并且提示、律定了"下层结构"和"上层结构"之间的关系。

"上层结构"指的是政治、制度、文化、艺术、思想等等，"下层结构"则是由生产技术和生产组织所构成的经济活动。过去的历史绝大部分将焦点放在"上层结构"，视之为历史的重心，也是一般人对历史最有兴趣的部分。然而"唯物史观"却通过一个个清楚的举证，主张"上层结构"其实并不具备独立自主的性质，而是随着"下层结构"而变动的，说得更极端些——"下层结构"决定了"上层结构"。

有什么样的生产方式，用什么样的方式进行生产组织，这是根底。为了维持这样的生产组织，所以才有了政治制度，也才会有在这种政治制度中活动的帝王将相，才会有反映并加强统治权力与生产组织状况的文化、艺术、宗教信仰。于是过去我们只看"上层结构"，记录并解释政治、文化、艺术、宗教信仰等等各方面的变化，却忽略经济生产，因而是荒唐的。政治、文化、艺术、宗教信仰不是从自身领域出现变化的，它们的变化很大程度来自经济生产变化的联动，或是用来合理化经济生产变化。必须从"下"而"上"，才能真正看清楚历史变化的来龙去脉。

过去大家认为历史的主体、历史中最重要的，是皇帝做了什么，他建立了什么样的制度，以及一个思想家、一个哲学家怎么想，一个贵族如何生活，如何和其他贵族同僚互动。以为只要知道这些就等于理解了历史。

马克思将这些现象称为"上层"，那个"上"（super- 或 supre-）主要取其"表面"，甚至"肤浅"（superficial）的意思。在历史上很容易看到，就被误认为很重要，但那其实是"果"而不是"因"，真正重要的，真正的驱动力量藏在底下。要认识历史如何变化，必须往下看到"下层"，弄清楚由经济生产所构成的"下层结构"。

马克思的"唯物史观"在历史研究上开启了两条道路。第一是让我们将注意力从历史中快速变化的人与事上移开，去注意变动比较慢的现象。尤其是他用"结构"来划分主要的领域，很明确地重视不容易变化的，远胜于容易变化的，如此改变了历史研究的时间观、时间规模尺度。

一个帝王的一生不过几十年，拿破仑真正活跃在历史舞台上的时间只有十几二十年，相对地，经济生产方式及其组织需要多长的时间才改变！工业化需要上百年的时间，资本主义发展花了几百年的时间，封建庄园制度的建立也花了几百年时间。马克思提醒，那些过去我们急于去记录、去理解的炫目现象，变化那么快那么热闹，正因为其是表层的浮花浪蕊，是底层更根本力量作用的浮显罢了。

第二，"唯物史观"赋予了时间、历史"结构"，历史并不是在时间中不断接续淌流而已。历史和时间的关系，变得立体了，有不同的层次，以不同速度变化的不同层次之间的关系，成为历史学中最新的探究题目。从19世纪中叶，一路延续到20世纪后期，许多人都在致力于将历史结构化，提出新的架构来理解历史。

"年鉴学派"整理出的多层次历史结构

这波"历史结构化"运动发展到巅峰，出现了法国的"年鉴学派"。他们的名字源自一本期刊《社会经济年鉴》，从期刊名称就可以清楚地看出马克思主义的色彩，要从社会、经济的角度探索历史。在发展过程中，他们将马克思开启的历史结构观进行了有效的细腻划分。

"年鉴学派"提出了"长时性"的观念，开始重视那些变化很慢因而以往被认为与历史无关的因素。"长时性"的"长"，主要是和人的寿命相比。人的意识当然受到自然生命左右，对于活着的一生能经历能记忆的，人们会习惯性地赋予其较大的意义，以至于忽略、贬抑了所需时间超过人的寿命，无法从感官、记忆中自然察觉、领受的改变。

"年鉴学派"要排除这种时间尺度的偏见，要看到 70 年、100 年尺度看来好像不会变动的现象，仍然属于历史，对于历史有很重要的影响。依据不同的变化速度，历史可以分成几个层次。

第一层，变化最慢的，是地理、地形、气候，其时间尺度是几千年，甚至几万年。这和历史无关吗？怎么可能！这些缓慢变化的条件决定了农业如何出现，决定了农业生产力足以支持什么样的社会组织与文明成就。"小冰河期"使得人类居住的主要地区气温不断下降，生产被破坏，引发人口的大迁徙，使许多政权产生危机乃至倾颓。

地理、气候直接关系到人口。历史中大多数时间，人口不会急速变化，而是以缓慢的速度增加或减少。和人口联动变化的，是人口的分布，这就和交通、贸易、城镇等环境条件有关。这是第二层的变化时间。

第三层是广义的社会组织，人与人发生关系、组成团体的不同方式、不同原则。很少有人可以自己主动去构造一套完整的人际关系，主导自己所属的人群团体。我们都是一出生就已经属于以某种方式、原则所形成的社会组织，要不然也很难得到支持顺利长大成人吧。这种组织必须以集体的形式变化，也有自己的变化速度。

在这个上面，第四层，才是个别的人主观可以控制，与行为有关的变化。包括如何夺取与运用权力，如何实行统治或谋划反叛，也包括如何进行各种思想与文化上的创造。

很明显地，传统上以帝王将相所作所为，顶多加上文学家、艺术家所作所为当内容的历史，在这个架构中，只属于第四层。孤立地看这一层，缺少了其他不同时间尺度层次的认识，就无法真切地看清楚变化的全貌，也看不清楚变化的真相。

"年鉴学派"基本上还是依循马克思的"上层""下层"分野，但进行了更仔细的区划。而且他们特别强调，各个层次的划分不是绝对的，重点不在于将各个层次区分开来，而在于观察、讨论各个层次间的互动。历史是由不同速度的变化彼此互动影响而形成的。历史有很大的时间尺度范围，不应该停留于只固定看一种时间尺度的变化现象。

"年鉴学派"中的历史学名著，像是布罗代尔的《地中海与菲利普二世时代的地中海世界》，或是《十五至十八世纪的物质文明、经济和资本主义》三部曲，书开头都是从地理环境写起的。布罗代尔讨论历史学观念与历史学方法的《论历史》，其中也有很大的篇幅专门讨论地理学。学历史的人不能不懂地理，更重要的，不能不懂多层次的时间尺度。

不同变化速度的层次彼此有复杂的牵连，应该是我们研究历史时要悉心关注的。有的城镇贸易联动造成社会组织改变，但也有不同的情况使得同样的社会组织却能支撑商业活动大幅增长。这没有标准答案，更不能想当然地套公式来理解，而是需要认真看待的历史课题。

04

无法当故事讲的，是历史的大结构

一两百年的"历史结构化"知识潮流，当然也冲击了研究中国历史的方式，形成了不同的问题，因而探究出了不同的答案。

过去所认识的中国历史，几乎都集中在最上面、变化速度最快的部分。详细地陈述哪一年刘基给了什么建议、朱元璋做了什么事，却很少描述明朝传承了什么样的制度，又进行了什么样的改革，新建立的官僚组织是怎样的性质，与当时的社会结构有什么样的关系，也就更少触及那个时代的普遍价值信念与思想模式了。

从"历史结构化"的冲击中看去，可以很清楚地看出来，传承下来的中国历史知识，只占了我们应该要探究的历史领域中很小很小的一块。除此之外，存在着有待去开发，而且在过去100年内已经经过开发有了初步成绩的广大范围。我们当然应该放宽眼界抛弃原本的狭隘观念，重新认识更广又更深的中国历史。

相当一段时期，我们以"唯物史观"为指导原则研究中国历史，专注于从底层、从社会阶级结构的角度看中国历史，取得了很多创新成果。过程中无可讳言产生了一些教条僵化的内容，也产生了"主题先行"干枯难读的样板文章。

进入21世纪之后，从学院研究到历史普及读物，在风格与性质上都出现了大幅变化。最令人惊讶的，不只是"唯物史观"退潮之快，而且还一窝蜂地返回了传统帝王将相式的历史关怀。电视剧里呈现的历史是"宫斗"，全剧里可以完全没有平民老百姓；畅销的历史书主要人物是曹操是司马懿，又回到了似乎就是由这些大名字大人物主宰、决定历史的价值观。对于中国历史的认识也在走回头路，放弃曾经开发出的丰富面向，缩回到只有人物、只有短时变化可以当故事讲、当戏剧演的那个小小领域。

无法当故事讲、当戏剧演的，是历史的大段落、大结构。例如中古史和近世史的根本差异，还有近世前期和近世后期的断代标准。

唐末五代终结了中古，宋代开启了近世。关键差异在于中国的社会组织。宋朝之后，原本握有庞大资源、影响力甚大的世家贵族消失了，从原本"皇权—世家—人民"的三层结构，改造成"皇权—人民"的上下双层，不再有任何力量横隔在皇帝统治权力与一般升斗小民之间。

皇权带着官僚体系，直接压在庶民身上，中间不允许有任何团体、任何组织存在。近世史上的一项主题，因而就是如果有任何势力看起来有机会形成类似过去贵族世家般的中介力量，就会被朝廷视为危险的、应该压制的对象，并想办法予以消灭。

在中古时期，世家大族的势力是建立在庄园经济的基础上的。世家大族消失了，连带自给自足的庄园经济也彻底没落了，于是许多无形的界线被打破了，促进了近世社会交通、贸易的开放、成长。

没有了世家贵族，也改变了人看待皇权的基本态度。简而言之，"天高皇帝远"的态度不再能够维持，皇帝、皇权通过中央到地方的官僚体系，直接管辖每个人，皇帝绝对不可能再距离遥远。所以士人文化兴起，一头联结皇权，参与官僚体系，与"皇帝共治天下"；另一头则直接扎根在庶民社会中，因为每个士人都从民间来，通过考试才加入官僚体系，其士人身份及身而终，后代子孙仍然是平民身份，除非他们自己也能够考试中举。

05

被新世界体系编纳在边缘地带

那么近世史又如何、为何要分成前期和后期呢？

近世前期与近世后期的一项重要分野，不是由中国自身的历史变化决定的，而是牵涉到欧洲历史与全球变化。那就是15世纪之后，欧洲开始了波澜壮阔、现象惊人的"大航海时代"，不仅开启了完全不一样的东西方接触，而且造成了东西方势力的大逆转。在几百年的过程中，从原本东方领先西方，逆转为西方明显地领先东方，并且以帝国主义的形式，以西方力量改造压制东方，甚至彻底改造东方。

这是一段漫长的过程，愈到后来从西方传来的压力愈大，冲击也愈大。一般叙述这段历史，都将焦点放在1840年，那年帝国主义开始明确地侵略中国。然而如果以近世后期，也就是从明朝成立到 1840 年之前，作为一个有意义断代的话，我们会发现，要理解西方带来的影响，应该要回溯到 15 世纪。从 15 世纪开始，从海上而来的历史力量，已经开始在中国产生作用，在改变中国了。

15 世纪之前，中国长期稳定地处于以中国为中心的自我世界里。即使是蒙古人统治时期，居住在元朝的人，一方面仍然不太感受到其他地区存在，不觉得也不需要和伊儿汗国、金帐汗国有什么关系；另一方面蒙古大汗待在元朝，元朝还是蒙古人统治的中心。

然而从 16 世纪开始，中国的这套文明秩序，逐渐被以欧洲为中心的新世界体系吸纳进去了。中国不只不再是独立的一套系统，还被新世界体系编纳置放在边缘地带。

这里牵涉到沃勒斯坦（Immanuel Wallerstein）的"世界体系"理论。虽然地球的存在是个物理性的事实，人类都居住在同一个地球上，但绝大部分的历史时间中，不同的人在各自不同的区域活动，彼此隔绝，划分成好几个不同的世界。

到 15、16 世纪，以全球为范围的世界逐渐形成。这个世界体系是以"西方兴起"的方式形成的，也就是原本僻处于欧亚大陆一角的力量，通过大航海的活动，积极且快速地向外扩张，将愈来愈大的区域卷入其体系中。

这个体系最大的特色是以海洋为通路。过去人类经验中，海洋向来都是阻碍，却在此时、此文明系统中被逆转为无所不到的交通管道。由面向陆地转为面向海洋，大幅增加了交流影响的范围与速度。美洲新大陆的作物传到欧洲，又从欧洲传到东亚，只花了不到 100 年的时间，如此而形成了过去无法想象的广大联结力量，终至将整个地球联系在同一个世界体系里。

中国和新世界体系最早的联结，是通过三种作物——甘薯、玉米和马铃薯。这三种作物从海上传入中国，是西方大航海时代的连锁反应，先从美洲新大陆传入欧洲，再从欧洲传到东亚来。

绝对不能小看这几项作物的全球性影响力。今天在美国的波士顿，还有爱尔兰后裔的聚居地，这一点光从他们特殊的姓氏就看得出来。而且波士顿的警察机构，到现在都有很多爱尔兰裔与意大利裔的成员。为什么会这样？因为波士顿警察制度的建立，正好和爱尔兰大移民潮同时。

爱尔兰大移民潮的起因是农产歉收所造成的大饥荒，吃不饱的难民举家逃到新大陆寻找生路。而爱尔兰的饥荒主要是马铃薯歉收所造成的。这个时候，爱尔兰的农业高度依赖马铃薯，几乎变成了马铃薯单一作物的生产形态，以至于马铃薯歉收就酿成了全国性、无法救治的大灾难。

那爱尔兰人为什么不多种其他粮食作物，而是如此集中生产马铃薯，给自己制造了这种痛苦困境，导致上百万人仓皇离开家乡，远走北美新大陆？因为马铃薯太有用了！

马铃薯很容易种、很容易长，对于土壤、雨量等自然条件的要求不高，而且可以在较为干燥的地方种植。马铃薯比小麦好种，营养成分却又比小麦完整。于是马铃薯传入爱尔兰之后，依靠其明显的优势就排挤了其他的粮食作物。单一作物占据大比例耕地面积，万一有任何病虫害因素使得马铃薯无法正常采收，那么整个爱尔兰的民生基础就会受到严重威胁。

甘薯、玉米、马铃薯进入中国，相较于原有的作物具备明显优势，可以在无法生产粮食的荒地上种植。明朝建立之初，国家核心政策之一，是积极垦荒。这符合朱元璋希望人民"务本"，从事农业留在土地上的价值观。除此之外，还有元朝遗留的因素。明朝接在一个由游牧民族所建立的朝代之后，会刻意突显元朝因为忽视农业造成的失败。明朝对于元朝重要的指控，解释元朝灭亡的原因，就在于他们不了解农业，造成农业退化，人民流离失所。

朱元璋所颁发的垦荒诏令，特别强调"荒"的存在与元朝失政之间的关系。如此而建立了明朝的立国原则，往后的每个皇帝都要表现出对于垦荒、对于发展农业的重视。

06

朱元璋的垦荒政策和鱼鳞图册

洪武元年朱元璋的诏令宣告若有荒闲土地准许人民自由去开垦，开发耕种了，就当作自己的田产。要是原来的主人回来了，地方官府应该另外找一块附近的荒田交给原主，让原主也去垦荒。

而且同时进行合理的土地分配。依照垦荒的能力与成绩，一个人能够开垦多大一块地就让他永久占有多大，本来的地主回来的，不需要还他等量的土地，而是看他带了多少人，有多大能力垦荒，才给他多大的土地。

这是收拾元末战乱局势的一种方式，然后将新形成的土地所有权登录在鱼鳞图册里。因为是划出一块块土地，在上面写所有权人及相关资料，每一页看起来都像是鱼鳞般密密分布的一片一片，所以叫鱼鳞图册。

鱼鳞图册在统治上大有用处，中国传统国家财政收入主要来自农业，但税赋不容易有完整、明确的数据，随着时间推移就出现了许多逃避征收的漏洞。鱼鳞图册以图配文，上面翔实登记土地相关数据，面积、等级、税额，还有清楚的土地所有人数据，它就成了国家税收最重要的依据与保障。

鼓励垦荒，再将垦荒土地严格登记在鱼鳞图册中，鱼鳞图册的内容不断扩张，涵盖的范围愈来愈广，朝廷对于土地的掌握就愈完整愈严密。有效控制下的土地，是近世后期关键的政治、社会安定力量。

朱元璋的另一项政策，是提升佃农的地位。近世前期宋朝时，地主对于佃农拥有很高的主宰权，宋律规定地主杀了佃农要赔偿五十两，并负责埋葬；但到了明朝法律中，就取消了这样的特殊关系，地主杀了佃农就是杀人，以一般杀人罪来处罚。

朱元璋又特别在"皇诰"中明确佃农与地主的行为规范，准照一般辈分关系。也就是佃农将地主视为长辈，依照晚辈对待长辈的方式来对待地主。这已经减少了佃农与地主间的不平等距离，更重要的，他要将地主、佃农关系纳入亲属礼仪系统中。

这份"皇诰"中另外申明：如果地主、佃农之间有亲属关系，那么亲属之仪有优先性。如果佃农是地主的表叔，那么地主仍然要以侄儿之礼待之。亲属原则凌驾于主佃经济关系之上。

可以想见，如果没有后来引进了甘薯、玉米、马铃薯等作物，即使在朱元璋的政策坚持下，垦荒也会有其限度。新的作物大幅延长了垦荒政策的推行时间，以及其推行的范围。

07

屯田和重视家族带来的人口增长

在明代，有三种不同的屯田做法。第一种是"民屯"，朝廷将"狭乡"——人口密度较高地区的人，搬迁到空地、荒地较多的地方。"民屯"在史书上留下许多记录。例如洪武四年（1371 年）就有牵涉到 17200 多户、将近 10 万人口的大迁徙。

要能动员这么多的人口进行迁徙，很明显一方面牵涉到朝廷的巨大权力，另一反面反映出人民的弱势。只有在近世的社会条件下，朝廷权力直接压在人民之上，没有任何中介缓冲，人民才会乖乖听话，要他们去哪里就去哪里。

另外，动员迁居是一回事，能让搬过去的人留下来是另一回事。屯居的人愿意留下来，也就表明提供了新的农业技术，让他们可以在之前的荒地上种出作物来，有把握得到温饱。

"民屯"之外还有"军屯"。明代的军事体制，不再依赖民间服役，另行维持了一支庞大的常备军。其方式就是让这些军户保有半农半兵的身份，平常不打仗不出征时，就在土地上进行生产。在"军屯"土地上的耕种收获，不只是要在平时养活部队，最好还能有余粮可以贡献给朝廷支配。

不过这样的计划后来发现太乐观了，"军屯"分配到的土地质量通常不佳，士兵又难免要被调动去防边守卫，在这种情况下，能够达到开荒的效果就已经很不错了，不太容易有更高的成果。

还有第三种是"商屯"。"商屯"衍生自上一册中讲到的"开中制"。要将农业富庶地区的产物运送到遥远的边境去，路程太远耗费太大，所以朝廷就规定只要能将粮食在边境缴纳，就可以换取盐券，拿着盐券到南方去换盐。于是就鼓励了商人到边境附近招人垦荒生产，省下了运输成本。于是可以"开中"缴交粮食，附近地区的荒地便因此获得了开垦。

各种不同做法，都使得农业生产面积扩张，并有连带的人口效应。再加上朝廷对于家族亲属关系的重视，又增添了人口动能。

中国社会没有强烈的宗教倾向，主要因为很早就建立了以家族传承来解决死亡焦虑的观念。家族是比个人更重要的存续单位，有了子孙能够保障祭祀不断，给了中国人最大的安慰与满足。不过在压抑死亡焦虑的同时，却升高了对于"无后"的焦虑，转移了焦虑的理由。也因此有儿子来传宗接代这件事，在中国家族系统中取得了近乎宗教性的重要性。愈是重视家族的时代，对于多生儿子确保家族传承就愈讲求。

明朝就是这样的时代，而且这份社会价值还一直延续到清朝。生愈多小孩愈好，不只是家族内部的价值观念，还衍生为政治良莠的标准。地方官被称为"父母官"，最直接的统治关系被亲属化了，连带地"父母官"的最基本责任是要让人民"富庶"。"富"是有钱可以过好生活，"庶"则指的是人口众多，追求家家户户都能生养很多小孩。

一个人口减少的县，不会是政治上成功的地方。在任时能够促进县内人口增长，相对在政治上是公认的重要成就。

多重因素加在一起，促成了近世后期在人口增加幅度及速度上的特殊发展。从1400年到1900年，这500年间，中国的人口很可能增长了5倍。5倍还不是最惊人的数字，从绝对数量上看，这500年间，中国大约增加了3亿人口，从1400年时不到1亿，暴增为1900年时的4亿到4.3亿。

08

城乡分野、地域主义到省籍观念

在这块土地上，要多居住 3 亿人，那当然会带来从经济生产到社会组织方方面面的变化。

这段时期人口增加，给中国的南方和北方带来了不同的影响。在农业生产上，北方长期落后于南方，而且差距愈拉愈大，不过到了近世后期，这个趋势有了改变，北方农业得到了恢复、成长的新契机。北方开始广泛种植土豆，先是作为小麦的补充作物，之后其重要性不断提升，达到几乎和小麦同等重要的地步。另外又有玉米，其生长条件和高粱相近，却比高粱易产多产，也就逐渐部分取代了高粱。

这些不是中国传统的作物，地位较低，正好促成了北方底层人口的复苏成长。在南方，原先因灌溉条件不足而无法生产稻米的土地，近世后期纷纷改种甘薯。本来不适合农耕的土地，被开辟出来种甘薯，靠甘薯收成而养活了新的聚落。于是无论在北方或南方，都有了传统农业地区与新垦区的分化现象。

这是很特殊的社会分化，在历史社会学上被称为"无身份垂直划分的分化"。意思是随着农业收获粮食种类与价值的不同，区别出了不一样的住民身份，然而受到上面朝廷统治权力的压抑，这种身份区别不是以社会地位高下的方式来表现的。

朝廷不会允许出现新的大地主、新的贵族阶层。然而财富差异还是会以一种形式来表现，于是城乡分野就带上了这种区别的意味。近世后期城市普遍与繁荣的程度，远远超过近世前期，有着人口高度增长的根本原因，再附加上价值意义。

住在城市里成了没有身份的身份，因为在城市中最特别的，是有了乡间不会有的奢侈纵乐。将大笔的金钱花费在奢侈纵乐上，是明代最主要的财富炫耀与利用方式。这个时代财富换不到政治权力，不可能像中古时期那样去创建一种高度表演、炫耀性质的贵族文化。财富甚至不能在乡间买大量土地成为庄园，从地方政府到中央朝廷都对大地主投以敌意、监视的眼光。

财富留在乡间完全无用武之地，只能拿到城市消费。居住到城市这件事本身就有了区隔作用，让没有足够金钱可以到城市花费的人感到羡慕。城市是一个人与人聚居、大家方便容易看到彼此的紧密空间，也就刺激了炫耀性消费动机的产生。

城市的个性彻底改变了。最早是军事防卫与政治权力中心，到近世之后，"市"的功能超越了"城"，城市扮演了交通与贸易中心的角色。近世后期，城市的消费性格又凌驾于单纯的交易买卖之上。

近世后期，城与乡的差距愈拉愈大。不只是贸易繁荣的程度，还包括心理上的区分距离。过去的城市还发挥乡间人与物集散的功能，这方面到了明代之后愈来愈不重要了。城市里的行业愈来愈多就是为城市居民服务，尤其是为他们提供奢侈纵乐的功能，格外凸显、格外发达。

乡间另外发展出小型的市集，不再进入城市的交易网络中，城市逐渐转化为绚丽、壮观的现象，突出又孤立在相对贫穷、乏味的四乡之间。这种拉大了的城乡差异，又影响了思想与价值观，使得城市居民有了愈来愈高涨的独立感受，刺激并产生了中国传统中少见的个人主义态度，强调与众不同的行为，并且以夸张、带有炫耀表演性的方式呈现。

城市里的个人主义思想不可能传递到乡间去。乡间的变化走的是完全相反的方向，从强调家族，扩大为地域主义。这最清楚地反映在"省籍"观念上。

"行省"是元朝地方分权的产物，刚形成时带有高度的任意性，很多区划和传统中国的"州"不一样。但在明、清乡间地域主义影响下，"省"逐渐超越了原来的"地望"概念，成为一般人重要的认同。"省"取得了特殊的风土意义，"省籍"差异也造成了中国社会根深蒂固的刻板印象。

从食物上有了"菜系"的概念，以"省"为分界，强调不一样省籍的人不只吃不一样的食物，还有不一样的烹调方式，不一样的口味偏好。连带着不同省籍的人说话与性格都有着明显的划分，进而同省籍的人形成最大的"我群"，同时区别于"外省"的"他群"。

09

旧典范支应不了的困窘状况

人口快速增长给官僚体系带来了巨大压力。官僚规模与人口的比例关系，一直在改变，无论官僚如何膨胀，都赶不上人口增加的速度。而且还不只是全面的比例问题，还有更严重的分配分布问题。

人口会有高度增长的，是原本的荒区，没有太多人、没有太多资源的地方，原本也不会得到朝廷与整个行政体系注意重视的地方。这种地方一旦开发了，就成为官僚体系中最难处理的麻烦。该地的事情多需要有能力的官吏来处理，却因为等级低而大家都不愿去。官府的规模与资源和实际的状况对应不上，而且随着人口增长而愈差愈多，累积成难以治理的沉疴。

另外的棘手问题出现在城市治理上。大量人口集中，各种新鲜事物层出不穷，加上奢侈纵乐行业盛行，还有涌动中的个人主义夸张、不驯的价值观，使得城市里的繁荣带有高度治安危险威胁的性质。而且由量变到质变，城市扩张、繁荣到一定程度，就几乎腐化、败坏了官府的管理运作。

500年内，这套官僚系统要由统治1亿人变成统治5亿人。而且过程中还得不到任何社会中介组织的稳定协助。没有贵族庄园，甚至也没有了自主的地方组织，原本宋代的宗祠、义田、义学，到了明代都被进一步压缩功能，要求只能用于协助同姓子弟读书准备科考。于是所有的民间问题，都只能由朝廷来解决。朝廷的压力愈来愈大，累积的问题却又使得能有的调整改革的时间愈来愈少。

既有的政治组织只能不断缝缝补补凑合着用，头痛医头脚痛医脚，而且常常是挖东墙补西墙。从明朝进入清朝，虽然中间有些逆转曲折，但整体上是朝着体系庞杂、扭曲、失能的方向变化。

到了19世纪西方势力大举入侵时，我们看到的，是中国政治其实处于一种旧典范支应不了、摇摇欲坠，却迟迟无法得到新典范突破的困窘状况。西方帝国主义势力更进一步恶化了这套政治体系的无能尴尬，同时带来了全新的思考与观念刺激。然而不幸地，这些中国迫切需要的政治新思考、新观念，却挟着西方对中国的高度侮辱冲击而来，于是人民产生了强烈的反感与排斥心理。结果继续维持早已摇摇欲坠的旧体制，无法提早进行改革，终至一切糜烂，新中国必须在彻底瓦解的废墟上，耗费更多的时间摸索重新站起，因而付出了极高的代价。

1900 年八国联军入侵时，有了"东南互保运动"，这是省籍认同、区域认同发展到极点的结果。1905 年废科举，原本准备要考试进入官僚体系的人，只好都转型为地方乡绅，在地方上形成了各种自主组织，分走了甚至取代了官僚体系的功能。至此，近世社会最重要的特色 —— 朝廷权力直接统治百姓，没有强大的中介阶层 —— 消失了。

　　中间出现了各省的强烈认同，加上雨后春笋般冒发出来的各种地方组织，自主力量愈来愈大，这就不再是近世的中国社会图像了。

　　用这种方式大致走过了一趟"近世后期"几百年的历史旅程，或许大家会注意到，其中几乎没有提到任何人名，可能朱元璋是唯一的例外，我们可以如此看历史、谈论历史，历史有比个别帝王将相所作所为更宽广或许也更重要的内容。

第 二 讲

近世生活
——食与衣

赚钱却不能花，西方资本积累的动机

近世后期相较于近世前期，人口大幅增长，商业更加繁荣发达，经济规模扩大，即使是富人一直维持人口中的固定比例，其绝对人数也必然比以前多得多。尤其在经济膨胀的过程中，商业的作用最大，商业累积的效果必然造成财富分配不平均，就使得有钱人的比例不断提高。

从商业上获取的财富，在中国社会遭遇到的一个问题，是没有固定、合理的处理方式。之所以称"资本主义萌芽期"，和西方近代资本主义最大的不同之处，就在于没有必然将赚来的钱化为新的资本、持续增加投资的行为准则。商业和工业所需的资本规模不同，更重要的，中国社会并不存在西方文化中那种"浮士德精神"，视持续、尽量的扩张为理所当然的态度。

赚钱是一回事，花钱是另一回事，赚了钱的人不必然就知道要怎么花钱。花钱比赚钱带有更高度的社会性和集体性，不同的社会、不同的文明有不同的价值观，它决定了人们如何运用财富。

韦伯的名著《新教伦理与资本主义精神》追索了历史上为什么会出现"资本主义"，书名中凸显"基督新教"，确立了"资本主义"是特殊、特定的历史现象，只出现在西方，而且主要出现在信仰基督新教的地区。财富分配不均，或财富集中累积，是人类社会的普遍现象，可是西方近代出现的"资本主义"却呈现了完全不一样的运用财富的方式，这就不是普遍的了。

过去解释"资本主义"，都视之为一股强大的世俗求利倾向所造成的，和宗教对立，腐蚀、动摇了宗教的权威与统治。然而韦伯却从历史中爬梳出一个惊人的现象——资本主义的起源带有高度宗教性，和当时最虔诚的信仰有着密切关系。

韦伯追索到新教中的加尔文教派，其教义的核心之一是"预选说"，认定上帝既然是全知全能的，那么究竟人会上天堂或下地狱，必然早在上帝全盘的知与能之中。上帝不可能不知道一个人死后的终极去处，还要等待人的不同行为来给他答案。这项信念彻底改变了过去天主教会要人行善、要人悔改，甚至要人买"赎罪券"以便得到上天堂机会的教诲。加尔文认定人没有资格和上帝讨价还价，不可能靠自己如此渺小有限的行为影响上帝的决定，那么谁上天堂，当然是"预选"好的。

如此问题就变成了：人如何能知道自己是不是"选民"？这形成了最深刻、最难以排解的焦虑。在新信仰的刺激下，人们追求世间成功，以辛勤努力来证明自己应该是上帝预选了可以上天堂的，如此平息心中对于死后去处的高度焦虑。可是成功带来了财富，依照他们的信仰，又绝对不能将财富花在欲望享受上，因为那会反过来证明他们不是"选民"，而是被上帝选来作为世间错误示范的，那么死后不会上天堂，却要下地狱。

于是他们的行为被逼挤在这两端——一边努力工作，不懈怠地追求功绩；另一边如果成功创造了财富，却不能花在自身的享受消费上。那就只好将赚来的钱投入事业中，去做更大的事业。只赚钱却不能花钱，这是西方资本积累的关键心理动机。如此由宗教信仰、深层焦虑所刺激的强烈动机，是资本形成之中一项重要的历史力量。韦伯给了我们极具说服力的解释。

02

"商"上升到"农"，不如跃升到"士"

以韦伯所描述的西欧情况为对照，我们更能体会近世后期中国商人所遭遇的问题。中国没有这样的信仰刺激他们去进行资本累积与再投资，而当时的商业性质也没有不断投注新资金的需要。

也就是说，中国商人的事业一直停留在"以货赚钱"的状态，没有发展出资本主义式的"以钱赚钱"。即使到了近世后期，货币充裕，西方近代式的金融行业也并没有在中国出现。中国有的是"更方便的货币"，却迟迟没有从货币衍生出来的资本，没有将时间转换为利息，让累积的钱转为资本。

传统上，财富最理所当然的去处是买土地。过去不论财富从什么样的渠道来，一旦有了，必然会转为土地的形式。土地不只带来农业生产所得，土地还是最有效的社会身份提升因素。从佃农提升为自耕农，从自耕农提升为地主，从地主提升为大地主，大地主提升为庄园主人，都取决于你拥有多大的土地。

然而如此一条过去视之为必然的路，到了近世后期，却受到朝廷严格的监管。不要说在地方上拥有自给自足的庄园绝对不被允许，稍微大一点的地主，都会招来朝廷的"关切"，因为土地集中在一个人手中，对国家统治就产生了威胁，会被严格禁制。

从古代史一路说下来，很明显地，中国每个朝代都有土地兼并的问题。然而近世之后的土地兼并现象，在规模和集中程度上都和以前不在同一个等级上了。

近世之前，尤其中古时期，有门第、有贵族，他们的地位与财富都来自庞大的土地，动辄就是占一座山、一个湖泊到自家的庄园里。到了明朝，每一个地方官都被赋予监视土地集中状况的职责，又有鱼鳞图册登记土地所有权资料，财富要转为土地，受到了高度的限制。

商人经商获得利益，当然会想用赚来的财富换取地位提升。地主身份的社会层级高于商人，农业是"本"，商业则一直是"末"，买土地是"舍末归本"的做法，有很高的社会正当性。

然而这条路被高度怀疑地方势力的中央政权阻挡了，于是间接鼓励了商人家庭，与其设想从"商"上升到"农"，还不如借由科举所开放的机会，直接跃到更高的"士"的层级。

唐代就已经有科举，不过唐代官场在人才晋用上，科举是其中一个途径，却不是唯一的途径，而且考上进士科的几乎都是原本有背景的世家子弟。到了宋朝之后，世家彻底被消灭了，科举也成为唯一的政治晋升之道。不只政治上，连在社会上，借由科举得到的地位也是最高、最为稳固的，远远超过包括成为地主在内的其他方式。

从宋朝到明朝，科举愈来愈重要，同时考上科举的难度也愈来愈大。人口增长，官僚体系规模不可能等比膨胀，而且科举的诱惑那么大，吸引更多的人投入，也使得竞争更为激烈。

于是在科举这条路上，家世能够提供的优势变得愈来愈重要。一种家世是士人家庭，世代娴熟考试，知道如何从小培养子弟进学受教、准备考试。另一种家世则是有着财富支撑，让家里的部分子弟可以不只空闲下来，而且可以延聘最好的老师来教育他们为科考做准备。

后者反而是商人家庭有条件可以提供。商人成功赚到了钱，也不能去买土地转型为地主了，只能将资源和心力投放在子弟的教育上，让他们读书考试。如果考上了，就能将家族身份"士人化""儒化"，转型为"儒商"或"商儒"。

一个商人建立了这样的家族，或来自这样的家族，自认是知书达理的，遇到了士人、官员，就不须低人一等，不须卑躬屈膝。

03

《凤还巢》显现明朝炫富的社会现象

商人赚了钱，不投资在扩大产业上，也不花在买土地上，能用之处是发展家族教育，以及增加消费。无法用来换取身份的资源，那就拿去换取欲望的满足享受吧。金钱能买到的最大满足，是虚荣心上的满足，意味着不只消费、享受，而且要寻找别人无法支应负担的消费享受形式，通过可见的消费让人羡慕、嫉妒。事实上，这创造了另一种社会地位提升效果。

整个明朝，史料上不断出现讨论"逾制"的问题，到了晚明，更提升为对于奢侈现象的种种形容与批判。"逾制"与奢侈，是这种虚荣满足必然带来的现象，其影响层面非常广，对于明朝人如何穿、如何吃，乃至如何盖房子、如何行动，都有着关键的作用。一言以蔽之，强大的炫耀、表演性的消费行为，成为近世后期的主要生活因素。

京剧中有一出戏叫《凤还巢》，那是很有名的丑角戏。戏中两个角色，程雪雁和朱千岁，都是由丑角扮演的。戏中有一段，朱千岁应邀去程浦老先生的家里。他带着两个家丁，一进去，先说："来呀，脱去我的路衣，换上我的寿衣，好与老先生拜寿。"家丁帮他换了，他才向程老先生说了祝寿的话，被请到里面吃酒，朱千岁又说："来呀！脱去我的寿衣，换上我的便服，好与老先生饮酒。"又说了几句话，朱千岁起身："老先生，天不早啦，我跟您告辞啦。来呀！换上我的路衣，也好赶路。"

另外一段，两个家丁帮他换衣，换好了他一看，勃然大怒："怎么还是我来的时候穿的那件儿呀？"家丁说："就是那件儿！"朱千岁就骂："别的衣裳你没带来？""我的衣裳有的是，怎不多带出两件来？没用的东西，下回记住了！"

这两段强调了朱千岁的夸张奢侈，而在剧情的设计上，换衣过程中程夫人误将朱千岁认为是穆居易，因而决定将程雪雁嫁给他，这是其中一对阴差阳错配对的来由。而程夫人如何做出这决定？就是看他的衣着，被他频频换衣服这件事打动了，认定这样的人值得嫁。

再回头看《凤还巢》开场戏，程浦、朱千岁两人到郊外踏青，书生穆居易也在。但因为身上衣服太寒碜了，不敢去和程浦相认，是朱千岁叫了他，过来后问起，才发现他是程浦老友的儿子。

戏的发展就架构在衣服上，故事明白标举了是以明朝为背景，主角名叫朱千岁，这显然是明朝的皇族子弟。这样的联结不是偶然，这出戏中显现了明朝的社会现象——对于外在衣装的重视，以衣服来决定人的地位、身份，甚至以衣服来判断人的价值。

04

"衣着逾制"与衣着颜色、图纹等禁令

明代最突出的社会现象之一，是"衣着逾制"。首先这"制"源于朱元璋的统治信念，他希望在国家体制中给每个人一个固定的位子，大家都乖乖地待在各自社会空间的原地上，安静过着如同"小国寡民……鸡犬之声相闻，民至老死不相往来"的生活。所以他的统治一直管到人民的生活细节，有很多相关的"制"。

据《明史·舆服志三》记载，1458年有一道禁令，规定人民穿衣服不得使用几种颜色。第一是"姜黄"，那是浅黄色；还有"柳黄"，柳叶刚冒出来的颜色，接近黄绿色。最大的禁忌当然是皇帝用的"明黄"，即鲜黄色。另外"玄黄紫"也不能用。

此外还规定衣服上不能有哪些花纹。蟒、龙不能用，飞鱼、斗牛、大鹏、狮子不能用。四宝相花，四个图案连续盘在一起的，不能用。大云纹，即大块云状图案，也不能用。

这道禁令告诉我们，到这个时候，明朝的服饰已经改变了。当初朱元璋的理想是用衣服显示社会身份，你是什么样的人就穿表现你身份的那种衣服。而且不管什么身份穿的，基本上都以功能为主要考量，尽量简朴。但这样的原则没能维持很久，到15世纪中叶已经濒临瓦解了，才会在英宗时又颁布这道禁令。

使得朱元璋的信念实行不下去的一股力量，正来自其信念内部的吊诡。衣服要清楚显现身份，别人可以从你的衣服上立即看出你是什么社会阶级的人，这种规定反而提供了强大的"衣着逾制"诱因。只要换穿上不一样的衣服，在别人眼中的地位就改变了，那么方便就可以提升地位的方法，干吗不用啊？

到必须以禁令明白标举哪几种颜色、哪几种花纹不准用，表示连"明黄"和"蟒龙纹"这种明确和皇家有关的服制元素，都有人敢乱用了。

不过1458年的禁令，主要处理的还是衣装上的社会标记问题，然而也差不多在这时候，另外一方面的发展变得愈来愈严重、愈来愈夸张，那就是在衣服上奢侈浪费，产生了许多和原有皇族、官职象征无关的新奢靡表现方式。

从1370年代开始，朝廷就多次发出对"衣着逾制"的警告，最后一次的相关禁令，出现在1541年。这次的禁令则是特别针对"云巾""云履"。这里的"云"指的不是一个世纪前的"大云纹"了，而是一种特别的材质。"云"指的是"云缣"，这道禁令管的，不是外表花纹，而是某些最为贵重的特殊材质。

"云缣"是一种丝织品，织得特别松软，感觉上比一般的丝还要更轻。这当然牵涉到高度复杂的织工技术，可以做出特殊的皱纹，会有波浪的效果。这么贵重的布料，却有人用来做"云巾""云履"，那明显是夸示。

这时期最贵重的衣服材质除了"云缣"之外，还有"吴绸"，即苏州的丝绸；"宋锦"，这是带绣花的衣料；"驼褐"，骆驼毛织成的，是最好的毛料。

禁止用"云巾""云履"，那就不是在管"逾制"了，而是针对奢侈风气。将这种大家都看得出来很贵重的材质用在做佩巾，甚至做鞋上，这明显的用意与效果就是炫富。到这时候，炫富的情况已经超越"逾制"了，想要自我标榜、得到社会地位的人，不再是去穿不属于其身份的衣服，因为这种做法太普遍了，大家都这么做，以至于身份和衣着相连的"制"已经丧失意义了。所以要凸显身份就要穿别人穿不起的衣服，或者像《凤还巢》戏中朱千岁那样，以别人无法负担的方式来穿衣服。

05

从马尾裙到苏样，衣装的"创起为奇"

明宪宗成化年间，1470 年代，在北京出现了"马尾裙"的流行风潮。"马尾裙"以马尾毛织成，这种裙子材质较硬，就像撑开的伞，据说是从朝鲜传进来的。一时之间很多人都穿，连大学士都有人跟着赶流行。

因为是新鲜的外来样式，所以身份高的人穿、身份低的人也穿；有钱人穿，没钱人也穿。大学士万安还每天都穿，本来是冬天的服装，万安却连夏天都不愿换下来。大家都要穿，马匹当然就倒霉了，当时北京附近到处都是尾巴光秃秃、毛被剃光拔光了的马。

1458 年下的服色禁令，由一位叫周洪谟的大臣负责监管，但到马尾裙流行时，就连周洪谟身上都穿了两层"马尾裙"，形成了莫大的讽刺。周洪谟正代表了历史的变化，一个曾经主管纠察"衣着逾制"的官员，自己抵挡不了诱惑，公开将流行的新服饰穿在身上。"衣着逾制"这个观念本身落伍了，新时代的穿着风格不再是去模仿有钱有地位的人穿什么，而是创造、趋附新的流行。穿着一眼看去就不一样，因而会让人羡慕的衣装，成为风气。

"衣着逾制"的观念被抛弃了，衣装外表的问题变得更加严重。衣服变得和钱、和财富紧密联结，甚至说穿什么衣服主要就是为了彰显财富都不为过。新兴的服饰风气是"始以创起为奇，后以过前为丽"，好衣服的定义是新发明的，之前没有人穿过的，而且是在某个点上，即某些方面明显超越以前大家看过、穿习惯了的。

16世纪开始，明代服装的特色便是追求变化。例如简单的"方巾"，朱元璋开国时订定了"四方平定巾"作为读书人的身份表征。第一等社会地位的人戴帽子，其次就是读书人戴"方巾"。但到了这时候，"方巾"又分"汉巾""晋巾""唐巾"，还有"诸葛巾""纯阳巾""东坡巾"等等。因为和读书人有关，所以命名上就标举历史来源，宣称是不同朝代留下来的，或是和名人、道教扯上关系。但真正的意义是形状、花色都不一样，可以有所选择，尤其会倾向于选择和别人不一样的。

晚明张岱的作品中就记录了纺织业中心苏州不断推出新的布样，浙江人看到了便急着模仿、追赶。而一旦浙江人穿了，苏州人就嫌弃不要了，再换不同的新样式。张岱讽刺浙江人如此愚蠢，一直被苏州人牵着鼻子走。张岱的态度很明显表示了，不是要浙江人不要变了，而是应该自己去变、去创新，不要一直跟在苏州后面学人家的。

明代晚期的史料中，常常出现一句惯用语"一时之妍"，多半用来描述服装。这是之前没有的语词，主要用来凸显之前的流行。"一时之妍"，表示当时大家都觉得漂亮，人人趋之若鹜，然而那"一时"过去了，现在回头看，奇怪，有什么好看的啊？彼一时此一时，时间不同，流行改变了，美或不美的看法也跟着变了。此一时如果还穿着彼一时流行的衣服，那么非但不会被认为漂亮，甚至还会被耻笑。

依照张岱的回忆，他年轻时苏州流行风潮的"赏味期"大致10年左右，每10年就会有一波大变化。等到他进入中年，变化的速度加快为每两三年就换一次了。显然明代后期的服装，符合我们今天所说的 fashion 性质，那就是流行，有着明确、强悍的流行递换操作，也有全社会介入、参与的赶流行，生怕跟不上流行的集体心态。

苏州是流行的中心。有流行的发动者，也有流行的跟随者。而特别的是，士人因为仍然在社会上拥有醒目的示范作用，可以说积极参与了流行的发动与决定。

浙江人李乐留下了以下有趣的诗句："昨日到城郭，归来泪满襟。遍身女衣者，尽是读书人。"进城一趟，回来哭了，因为在城里一看，外表上是女性的，穿女装的，竟然都是士人！

为什么说士人穿女装？因为明代男装、女装有不同的颜色。男装本来主要是青色，如果不是以青色为底，而是比较明亮、鲜艳的，传统上被认为是小孩和女人才适合穿的。到了明朝后期，城里街道上，没钱没身份的人才穿青衣。其他稍有财资稍有办法的人，都放弃青衣换穿更鲜明的颜色（"尽为妇人红紫之服"），从传统保守的眼光看去，就像是男人在衣装上都变身为女性了！

归有光对于明朝中叶的风气有一番整理，得到的结论是：世俗奢侈的习惯是从士人身上开始的，然后感染到城市，城市流行了，再往外扩展到城郊。

为什么从士人开始？因为士人和商人之间的距离不断缩减，使得士人的文化带有愈来愈强烈的商业性质。商人有奢侈炫富的动机，那是使得他们得以增加社会能见度，借此提高社会地位与社会正当性的手段。而商人在社会地位改变上的主要目标，也就是追赶上士人。

商人的行为给了士人一种集体压力，刺激催生了一种集体自觉，即必须维持和商人间的一定距离，在外表上和商人维持可以辨识的区隔。在近世社会中，没有了封闭、固定的身份制，不能去规定谁是豪族、谁是寒门，于是外在的表征很容易模仿，也必然会招惹来模仿。尤其商人有特别动机，又有充分资源去模仿士人的穿着外貌以自抬身价。如此就逼得士人必须不断"创起为奇"，放弃已经被其他人模仿，失去阶级标示意义的服装，改换出新的一套来。

士人仍然握有订定社会品位的优先权力，但商人有可以不断变换追摹的资源与能力。于是一个换、一个学，构成了明代的服装流行动力。这种条件下，出现了特别的读书商人，将他们的士人本事拿到市场上去换得金钱。唐寅的画、文徵明的字，在当时都带有商品的性质，但又有高于商品的地位。他们的画和字不再是单纯在文人间相赠流传，而是特别卖给有钱人，作为有钱人的品位象征。

这些参与市场的士人就有了新的自觉，必须维持自己品位上的领先地位，他们一方面代表文人，一方面积极和商人周旋，并为商人提供有品位的商品与品位指导，和以前的文人很不一样了。

明末出现一种特殊的衣着服饰，称为"苏样"，"苏"指的是苏州。苏州既有钱，又是纺织业中心，而且聚居了大量的文人，是文人文化的制高点。"苏样"最特别之处，在于表面上没有绚丽的色彩，也没有繁华的纹饰，讲究的是极其细腻的布料织法，以及巧手精工的剪裁。这是进一步为了摆脱模仿而产生的低调奢华风格。

"苏样"不只是出现在衣服上，甚至可以说是明末文人精神与生活意趣的总体风格。由外而内，要创造一种没有那么多表面可以抄袭模仿的元素，却内蕴涵藏必须有一定文化程度才能看得出来，要更高的文化修持才能参与的艺术化生活。

06

社会性衣装的展示场，举国若狂的炫耀热

近世后期在商业领域创造了大量财富，却除了消费之外没有太多其他出路，消费便因而有了愈来愈高的社会标志功能。社会标志需要在公共空间展现，这进一步在近世后期提升了公共空间的重要性。

明代最特别的就是"社会性衣装"格外发达。出门在外穿的衣服，和家里穿的愈来愈不一样。

如果你出门要去的地方，人家不会凭借你的衣着估计、评价你是什么人，你有几分斤两，那么你不会花那么多时间、力气去准备衣服，不会那么在意自己穿了什么。

另外，一个星期出门一次，和每天都要出门相比，对于衣装的讲究当然不同。前一种状况，不需要特别准备什么，后一种就必

须有好几套轮流穿的衣服，必须考虑不能每次出门都穿同一套。

接下来，不同的公共空间有其各自的特性，要求不同的穿衣服方式。去衙门里办事和去勾栏看戏，穿不一样的衣服；乃至于要到衙门所在一带的地方，和到勾栏所在一带地方，都会需要换上不同的衣服。

明代出现了愈来愈多作为展示场，让人去展示身份的空间。其中很重要的，是有了让女性可以公开参与的空间。历史上，上元节为什么那么重要？因为唐朝长安城内每天晚上里门、坊门都要关闭，完全没有活动，唯一的例外是上元节三天不闭门，夜晚公共空间里挤满了看灯的仕女们，蔚为稀有的奇观。

明代之后，这种仕女如云的场合变多了，产生了新的奇观。据范濂《云间据目钞》的记录，在松江的迎神赛会上，各镇都租了两三百匹马，在路上大游行。马上坐着扮装的戏中人物，他们有的穿着"鲜明蟒衣靴革"，完全不顾什么"衣着逾制"了，而且"幞头纱帽满缀金珠翠花"，首饰华丽。

若是状元游街，身上戴着三条"珠鞭"，价值超过"百金"；旁边围了妓女三四十人，扮成《寡妇征西》《昭君出塞》等剧中角色。还有花车上"彩亭旗鼓兵器，种种精奇，不能悉述"。为了不受天气影响扫兴，还将街道桥梁都用布幔遮起来，如此当然吸引了"郡中士庶，争挈家往观"。那种热闹情况，是"游船马船，拥塞河道。正所谓举国若狂也"。游行轮流在各镇进行，每一镇四五天，每天都需要很高的开销。

描述完了这样的奇观，范濂更补上背景与后续："日费千金，且当历年饥馑。而争举孟浪不经，皆予所不解也。壬辰，按院甘公严革，识者快之。"这可不是什么丰年，甚至不是一般承平时节，而是经历了一段饥荒，却都无法阻止松江地区如此疯狂地花费炫耀。因为情况太夸张了，后来甚至惊动了按察使正式立案调查惩处，有识之士才感到安心欣慰。

晚明李日华《味水轩日记》中记载浙江秀水神会，情况也很类似："秀水濮院镇酿金为神会，结缀罗绮，攒簇珠翠，为抬阁数十座，阁上率用民间娟秀幼稚装扮故事人物，备极巧丽，迎于市中。远近士女走集，一国若狂。"最醒目的是各式各样服装，以及服装上挂满的珠翠饰物，花车上有漂亮女性扮演故事人物。所制造出的效果，两位作者不约而同地皆用"一国若狂"来形容。

那就是群众的集体狂热，显然这种庙会很接近欧洲中世纪的"嘉年华狂欢"，以财富炫耀式消费为人民提供一种暂时摆脱现实、进入狂喜状态的刺激。

07

公共空间无关市民意识，只在表现身份

从传统的角度看，有着更强烈的震骇效果，因而留下更多批判意见的是清明扫墓的变质。

原先出于慎终追远目的的清明节扫墓，在浙江变成了男女袨服靓装出外夸示的场合。穿了最好的衣服，还要画上妆，雇好豪华游船和船上演奏的乐队，名义是要扫墓，实际上却是为活人提供了游乐享受，而且是在人人看得到的河上游船里，就更是带上了炫耀的意味。

扬州人的清明节从城到乡，也都是浓妆艳抹，从陆到河，都是华服绣裳。因为扫墓，出外的人回来了，顺便把青楼名妓和所有好事之徒都齐聚过来了。好事之徒所聚之处，是最热闹、最具表演性质的公共空间。大家借扫墓名义到野外跑马、放鹰，或者在山丘上斗鸡、踢球，或者在树林边弹琴、听音乐。

更夸张的是，到了清明节，墓地被改造为公共空间了，可见这时期公共空间的扩展。当然，这是一种中国式的公共空间，和哈贝马斯从西方历史上整理出的公共领域（public sphere）不一样。延续"资本主义萌芽期"的对照，也有历史研究者主张：明代中国有了这种意义的公共空间，在此间产生市民意识与公共讨论。不过详加检查史料，可以明白这中间有明显而关键的差异，那就是对于"公共事务"——尤其是政治权力运用及社会组织运作——有没有公开的讨论。

近代西方最有代表性的公共空间是咖啡馆、广场、报纸、议会。在这里诞生并增长了市民权利意识，打破了王公贵族对于统治事务的垄断，传播并争议超越私人关怀层次的问题。这样的现象并未在明代产生。

并不是有公共空间就一定会有"公共意识"。明代公共空间的发展与扩张，主要依靠的是奢侈性的炫耀消费。人们不是在这个空间中去理解关系到众人的事务，而是去表现和自己身份地位有关的条件。

近世社会没有了中间阶层，在皇权之下，所有人都被打平了，也就不会有固定的阶层身份象征。然而毕竟社会上，尤其众人聚居的城市里，还是会有高下评价排列，这种评价主要随着功名官职和财富多寡而升降。功名官职的外表和印象，可以靠服装改变，促成了普遍"衣装逾制"的现象。至于财富多寡的排行，也会因表现在外的消费生活形态而改变。

如果一个人真实的财富总排名在 100 万名外，很一般、很不起眼，但他却可以借由在公共场所穿不同的衣服，用不同方式花钱，让人感觉他的社会地位在 5 万名以内。那当然就提供了很强的动机，让他乐于到公共空间里去，而且乐于进行各种炫耀式的消费，于是公共空间便和消费同步成长。

08

饮食空间的变化：茶楼不只喝茶

受到影响的另一个生活领域是饮食。中国文化重视饮食，不过这个时代不只吃什么很重要，让人家看到你吃什么变得愈来愈重要。过去饮食上产生的变化，是食材与调理食材的方式，这方面到了近世后期相对变化不大，却是在外在的条件上，有了比较大的改变。

第一项变化表现在饮食的空间上。近世历史中具有特殊意义的空间是茶楼和酒楼。命名上就凸显了"茶"和"酒"，那是以饮品为借口，摆脱了固定用餐时间和用餐次数的限制，随时可以喝茶、喝酒，于是也就有随时可以配茶、配酒吃东西的地方。

这样的空间有着时间上的高度延续性，与其公共性关系密切。由于长时间开放，随时欢迎各色人等进入，在这个空间里人看人，也必然被人看。

在主要的大都市茶楼不止一种。有"一条龙"，在明代那不是餐厅的招牌，而是茶楼种类的称呼，指的是可以喝茶、可以喝酒，也可以吃饭的地方，多功能统包了，提供"一条龙"式的服务。这类茶楼从北京扩散到其他地方，在招牌命名上有个特色，通常以"天"字开头，表示是从天子脚下的京师来的，如此大家只要看到叫"天"什么的，就知道可以去喝茶、喝酒、吃饭，什么服务都有。

另外一种是清茶馆，不供餐的，配茶顶多只有点心。但这种茶馆也不会只喝茶，常常会有表演活动。近世后期的说书、鼓词等配备较简易且小型的演出大盛，便是因应这种清茶馆的需要而发展的。

第三种是茶摊，摆在街边，是最底层普罗的。即使单纯解渴的功能，这时都有店有摊卖水卖茶，不再是自己回家关了门喝，或是找一口井来解决。茶摊一样是人进人出的公共空间。

最高等、最豪华的是茶园。其名称表示除了有可以喝茶的建筑物外，还有围着建筑物的园子。花园里可以走走逛逛，不过真正的卖点是园子里的戏台，上演着较大型的戏曲，往往看表演才是真正的消费目的，可以边喝茶边看戏。

到了近世后期，喝茶这件事取得了特殊的公共性质，在茶楼喝茶和在家里喝茶是很不一样的两回事。走进茶楼里喝茶、吃饭、看戏、听书，首先就显示了"有闲"，茶楼是无所事事的人流连忘返的地方；再就是展示自己不只有时间可供挥霍，还可以付钱来打发时间。

在传统农业社会中，闲暇本身已经是一种奢侈，不用下田耕种可以标示出高人一等的地主身份。以前的地主闲在家里，现在有了像茶楼这样的空间，让有闲的人得以悠闲给别人看。

不过随着商业发达，农业社会式的闲散逐渐被渗透、改造了。到茶楼去的不必然是无所事事的闲暇，很多商业买卖进入到这个空间来进行交易谈判，形成了另一种公共炫耀——表现自己属于这种新兴大型买卖的领域，不在店家而在茶楼里进行交易。

09

从《儒林外史》看喝茶的普遍

茶楼当然在产茶的地区特别兴盛，从时间上看，在城市生活中所占的比例不断提高。一早就喝茶是从苏州开始的，大约9点钟左右。明朝时已经有了"早上皮包水，晚上水包皮"的说法——好的生活是以早上喝茶开始，晚上泡澡结束的。

早茶同时是早餐，在苏州有各式各样的"包"，不同形态的皮包了不同样的馅，作为早茶的点心。后来流传到广州，就更复杂化、精致化为广式饮茶。广式饮茶不只点心种类更多，而且时间更长，从6点半、7点就开始了，名为"早茶"却可以提供到将近中午。也就是在生活中，人留在家中私密空间的时间比例降低了，公共空间发展使得人可以经常在外面逗留，也就经常暴露在别人的观察与评判眼光中。

近世后期都市生活中,"家"不再是一个人最常待的地方,"家"的空间重要性相对不断下降,以至于长时间待在家里反而变得不正常了,往往带有因为缺乏适当、体面的外表条件,才出不得门的意味。

吴敬梓的《儒林外史》第十四回写马二先生在杭州,想到西湖走走,他先到钱塘门,在茶亭里吃了几碗茶,然后沿着西湖,走了没多远,又进茶室买了点心,再配了一碗茶喝。然后到了雷峰,他去了观光景点净慈寺,出来后在写着"南屏"横匾的茶亭内又喝了一碗茶。第三天,马二先生去了吴山,上山看到一座大庙,庙前在卖茶,他喝了一碗。转了两个弯,有一条街一排房子,卖酒的、卖耍货的、卖饺儿的、卖面的,还有——卖茶的。卖茶的是这空间里的最大宗,整个庙门口摆的都是茶桌子,而且使得这条街看来如此热闹——光是卖茶的就有30多处。所以马二先生当然在这里又找了一个茶室泡了一碗茶,并吃了一个"吴山襄衣饼"。

接着他去城隍庙,拐了小弯,又见一条小街,踏上山冈,左望钱塘江,右望西湖雷峰、湖心亭,再往上走,"又看见一个大庙门前摆着茶桌子卖茶","马二先生两脚酸了,且坐吃茶",又"买了几十文饼和牛肉,就在茶桌子上尽兴一吃。吃得饱了,自思趁着饱再上去"。

单是这一回里,描述马二先生三天的生活,他就吃了六七次茶,可见吃茶这件事普遍到什么样的程度。

10

菜肴、食具的排场与僭侈

以饮食为借口，实际重点却是炫耀其所饮所食，这是近世后期社会的新现象。得以彰显所饮所食的，还有餐具和排场。在这方面，明代小说《金瓶梅》提供了最丰富的资料，虽然小说背景依托在宋朝，但小说中记录了许多作者自己那个时代的饮食细节。

《金瓶梅》第二十二回讲西门庆吃早餐，桌上是"四个咸食，十样小菜儿，四碗顿烂，一碗蹄子，一碗鸽子雏儿，一碗春不老蒸乳饼，一碗馄饨鸡儿，银厢瓯儿，粳米投着各样榛松栗子、果仁、梅桂、白糖粥儿"。"咸食"是腌菜类的东西，"顿烂"是卤菜类的，用来下饭。但他配的也不是一般白米饭，而是加了榛松、栗子、果仁、梅桂、白糖，用比较软的粳米煮成的粥。

那午餐呢？先来"四碟菜果"，即素菜，然后是"四碟案鲜"，即下酒小菜，分别是"红邓邓的泰州鸭蛋"，指的是红心鸭蛋，"曲弯弯王瓜拌辽东金虾"，就是瓠瓜加小虾，"香喷喷油炸的烧骨"，稍带骨牛肉，"秃肥肥干蒸的劈晒鸡"，类似醉鸡的做法。

再来第二轮是"四碗嗄饭"——滤过、蒸过，先烧了然后蒸的鸭肉（"一瓯儿滤蒸的烧鸭"），加"水晶蹄蹄"、"白炸猪肉"和"炒腰花"。第三轮是用青花白地瓷盘盛装上来的"红馥馥柳蒸的糟鲥鱼"。鲥鱼最稀少贵重，是远送京城上贡用的，所以要搭配特别名贵的餐具，而且还强调糟过的鲥鱼"馨香美味，入口而化，骨刺皆香"，还解决了鲥鱼多刺的问题，煮到连鱼刺都能香甘入口，简直比皇帝还会享受。

西门庆这种豪奢之家是这样吃的。再看冯梦龙的《喻世明言》中写到商人蒋兴哥的妻子王三巧招待邻居，就是屋边一个婆子来到家里，摆出来的是"两碗腊鸡，两碗腊肉，两碗鲜鱼，连果碟素菜共一十六个碗"。这比西门庆的饮食更有代表性，显示就连一般人家平常请客，都要有一定的排场。这不单纯为了吃，还要凑足数字，数字要对才像个样子，那是排场中的一部分。

早期明朝在礼制上还规范瓷器，一般人不能随便用瓷器。朝廷专用的"官窑"如果烧出特别的形制、花样乃至颜色，民间不能用，也不能仿制。但到了中后期，民间烧瓷工业大为发展，和官窑的技术差距大幅拉近，所有的"逾制"规定也几乎都被瓦解了，中上人家都能拥有各式各样的器皿。那就不只有好的瓷器，还要搭配金器、玉器。

明代文人何良俊在《四友斋丛说》中记录一位嘉兴的富豪朋

友，"见其家设客，用银水火炉金滴嗉，是日客有二十余人。每客皆金台盘一副，是双螭虎大金杯，每副约有十五六两"。有银有金，20多位客人，每人面前都有一副沉甸甸的盘和杯。晚宴后留住主人家，到第二天早上，洗脸用的器具是"梅花银沙锣"，银造的脸盆，上面刻有梅花纹样。何良俊评论说："此其富可甲于江南，而僭侈之极，几于不逊矣。"这么有钱，又这么奢华张扬，已经到了冒犯皇家可能给自己惹麻烦的地步了。

不过之所以有这种"僭侈"行为，正是因为这时候大家都这样做，朝廷管不了了。

明末重大的政治事件，是严嵩垮台后被抄家，没收的财产清单上赫然有一项是纯金的器具，一共列出了3158件。另外，严嵩家中有金筷2双，镶金象牙筷1110双，镶银象牙筷1009双，不镶金不镶银，光只是象牙材质的筷子2691双，海龟玳瑁材质的筷子10双。最平常的乌木筷6891双，斑竹筷5931双。严嵩一般不会用到、平常木头上漆的漆筷也有9510双。要那么多筷子做什么呢？这就是奢侈排场心态与社会风气的极端表现。

"一筵之费，竭中家之产不能办也"

炫耀式的饮食还反映在对于海味的重视。中国传统文化向来和海洋并不亲近，菜系发展上，海味菜肴相对并不发达，从社会价值观上也往往认定那是渔家吃的低等食材。然而近世后期情况逆转，几乎每个菜系，甚至连不靠海的地方，都开始强调海味食材。

正因为海味来历最远，不只容易败坏，而且稍微拖长时间就会影响鲜美程度，所以这样的"难得之货"最适合拿来炫耀。

"海味三十皿"于是成了明代讲起豪华宴客时的习惯用语了。明代谚语中提及，嫁娶宴客是可以让人倾家荡产的，而花费最巨也最难控制金额的，就是海味食材。

明代谢肇淛的《五杂组·物部三》中留下了这样一段名言："今之富家巨室，穷山之珍，竭水之错"，现在的大有钱人，将山中最珍贵的、海里最难得的都穷尽聚拢过来，包括哪些东西呢？"南方之蛎房，北方之熊掌，东海之鳆炙，西域之马奶"，从南方来的带壳新鲜牡蛎，从北方来的熊掌，从东海来的大鲍鱼，从西域来的马奶。"真昔人所谓富有小四海者，一筵之费，竭中家之产不能办也"，用这种东西请客，别说一般中产人家，就连低阶富豪都吃不消。

明代后期富人的高能见度，以及富人豪奢炫耀不断升级，以至于将明初朱元璋最在意、最忧心的状况都一百八十度翻转了。朱元璋担心民间"逾制"，模仿宫廷皇家；但到了明末，却是倒过来，变成宫廷皇家焦虑地观察外面的有钱人怎么穿、怎么吃，再加以模仿效法，生怕自己没有赶上流行。

明朝最后一位皇帝，明思宗崇祯皇帝，一度下令全国仕女不得上茶楼，后来缩小范围为只在北京城内执行。这显现出崇祯皇帝的核心困扰，他和自己所处的时代、社会有着严重隔阂。他所接掌的是由正德、万历几个皇帝松弛放任所形成的一个奢华混乱的社会，然而他却有着严肃且近乎苛刻，带有高度清教徒态度的道德意识。

但这时候，朝廷和社会的关系已经倒过来了，主要的活力在民间社会、在城市商业领域，而不在朝廷。甚至朝廷都被这股活力带着走，追在后面唯恐落伍，不具备能够强硬扭转风气的条件。

崇祯皇帝要以北京做全国的示范，采取了非常夸张的措施，要他的亲信选择到几间最大的茶楼门口站岗，遇到有女人要进去，就压住人家，强将人家的鞋子脱掉，让她们裸着小脚回去。这是很粗暴，在当时极度羞辱人的做法，虽然一时之间得以恐吓女人不敢接近茶楼，但付出的代价却是让民间震撼之余，产生了对皇帝的高度不满，出现了许多关于皇帝精神状态的传言。明代之所以亡于崇祯，有许多复杂相加相乘的原因。

近世生活
——住与行

朝廷掌握 7 万公里的驿道与驿站

孙中山在 1924 年进行的"三民主义演讲"中，关于"民生主义"本来安排了六讲，主题分别是：食、衣、住、行、育、乐，后来他只讲完了前四个主题。这六项是孙中山心目中"民生"的主要内容，也是他那个时代重新整理、认识中国社会日常生活的初步结果。

这样的主题、条目，不同于中国传统的观念。传统上教育不会和衣食放在同一个范畴中讨论，因为衣食人人需要，而教育则属于少数人的特权。传统上更不会将"乐"和"育"放在一起讨论，对于受过教育的人来说，"乐"所引发的第一个反应，应该是压抑与禁制吧！

甚至"衣食"和"住行"也不在同样的范畴中。"衣食"是真正的日常，天天需要；相对地，"住行"的需求层面没有那么广，频率更没有那么高。毕竟不是天天盖房子的，甚至不会年年盖房子。而在很长时间里，对大多数人来说，也不是年年有出门旅行的需要，也就不必非得使用交通设施。

"行"受到重视，在日常生活中取得普遍地位，是近世后期历史的发展。源头是蒙古人对牲口、部队运动能力与运动速度的重视，于是元朝在中国进行了交通设施的改善与维护。朱元璋继承这样的软硬件设施建立了明朝，却对帝国的庞大规模感受到威胁，因而希望将中国改造为一种分散、隔绝的"小国寡民"状态，以便于朝廷治理、控制。

朱元璋正式登基23天后，就迫不及待订定了新的《驿律》，也就是一套关于道路与驿站的规范。为什么那么急？因为他知道，他不只需要运用这个道路系统来平定天下，更需要将天下统合在这个道路系统中，才能有效统治。他的势力范围到达哪里，就要求用心修复既有驿道、驿站，必要时增建新的驿道、驿站。

这些驿道遵循固定的规格，宽10丈，大约现在的30米，每隔60里，大约现在的30公里，就设1处驿站，为行路人提供休息及更换马匹之便。朱元璋在位期间，最为鼎盛之时，由朝廷所掌控的道路长度达到14万里，也就是7万公里之多。另外在7万公里的驿道上设立了2018个驿站，大致符合30公里一站的要求。

朱元璋多次改革驿站制度，包括提高驿站人员待遇，期许务必做到两件事：第一，维持驿道、驿站系统随时顺畅运行；第二，保证除了朝廷的公家用途，尤其与统治、控制有关的目的之外，将其他不相干人等排除在这个系统之外，严格禁止他们利用这个系统来旅行。

朱元璋指挥完成的系统，有八条主要干道。一条由当时的国都应天府（今南京）向东北走，一直到辽宁、辽阳。一条从应天府向东北，经山海关到达开原。还有一条从应天府向西，一路入川，终点是四川西部的松潘卫。另一条从应天府往西南，一直到云南的宝山。再一条从应天府向南走，到达广东的崖山。一条向东南走，到达福建的福州府。一条往北到达草原地带，终点是今天内蒙古的宁城县，在察哈尔的北界。还有一条往西北，一直到张掖、酒泉。

02

"非军国重事不许给驿"的限制

这几条干道都很长，在这几条干道沿线所设的驿站，大约占所有驿站的半数。朱元璋之后，明成祖朱棣将国都从南京迁到北京，于是驿道系统必须相应进行大幅增建，增加另外以北京为中心的路网。在此过程中，明成祖进行了调整，将原本从中心辐射的道路分布，改成更复杂、更多交叉点的网状形式。

原本的道路方便官员或军队从南京出发去任何地方，但是如果要从广东去四川，就没有方便的道路可以通行，必须回到南京再改换方向重新出发。这符合朱元璋高度控制、中央集权的想法，帝国都在朝廷掌握中，而帝国中的各区域不需要有频繁、方便的来往。

明成祖改成选定几个转折点，例如从北京到达德州后，一条路继续往南，另一条路由此朝东，可入山东境内。如此就可以减省许多里程。驿道增加了，但驿站数字却在明成祖时减省了，主要反映了帝国统治已经安定下来，道路上比从前安全多了，通行速度也提高了，所以可以拉大驿站之间的分布距离。

驿道的使用有进有出。进入北京的主要是各地官员。朱元璋统治帝国的一种方式，是经常要求地方官进京来，确保他们对中央的效忠，避免"天高皇帝远"产生的懈怠弊病。京城设有"会同馆"，是驿站中等级最高的，提供给来华朝贡者与进京官员住宿。

"会同馆"最早是设在南京，迁都北京之后，就变成南北各有一馆。南京的规模，是一馆三所，北京则更扩大为一馆六所。要有这样的设施，才能满足官员经常入京之需，保障他们可以理解中央命令，感受到中央管辖的压力。

使用驿道从京城出去的，主要是中央的号令讯息。在这方面，明朝有和元朝明显不同的做法。元朝的规定是"驿递合一"，公文送到哪个驿站，就由这个驿站的人员负责送到下一站去。明朝则改为驿站人员只负责提供食宿及交通工具，与实际的文书递送工作无关。负责递送的人另外隶属于"递运所"，他要带公文从头走到尾，中途在驿站休息、换马。

朱元璋对这种细节十分注重，要确保皇帝的命令、朝廷的要求由谁交到哪里都能明白追究责任。明朝沿袭了元朝的"急递铺"，虽然同样运用驿道系统，但改为每十里一"铺"。"铺"比"驿"规模小得多。一般设一个铺长，再加五到十个铺兵，以便有特别紧急的讯息时，可以即时找到停歇换马的地方。

维护驿道、经营驿站，再到管理"急递铺"，这就构成了三大组织，牵涉众多人员。朱元璋设计时目的很清楚，洪武元年就明白规定"非军国重事不许给驿"，也就是从交通工具到食宿供应，都只应用在朝廷公事上。

这庞大系统及其三大分支，在朝廷组织中隶属于兵部的"车驾清吏司"，表示其最主要的功能是军事上的，还有他们管的车马交通要格外严格审核，不要混杂。强调"清"，是朱元璋看不惯元朝驿道系统什么闲杂人等都能使用，他要整顿保持其单纯的性质。

1393年（洪武二十六年），皇帝下令重申非军国大事绝对不准使用驿站。4年后，1397年正式颁布《大明律》，其中有《兵律》，管辖与军事战争有关的事务，而"邮驿"项目就列入《兵律》中。"邮驿"项目下共有18条，最重要的是禁止百姓、贵胄任意以私人理由利用驿站。

同一年，显然为了杀鸡儆猴，朱元璋下令杀了安庆公主的夫婿欧阳伦。欧阳伦是驸马爷，带着家奴在未得许可也非公事的情况下使用驿站，私运茶叶，就被朱元璋赐死。之后，又发现永嘉公主的驸马郭镇用驿道系统运送私人物品，情节较轻，被皇帝严斥，皇帝借机再度重申驿道管理上"清"的标准——就算有公家任务在身，都不能夹带私人物品。

03

统治工具动机下创造的行旅交通条件

这是朱元璋按照他的统治需求而建立起的一套制度，不过他想象的是一回事，明朝后来的事实走向是另一回事。

基本上那么完备、方便的一套交通系统，和"清吏"的严格限制是矛盾的。朱元璋要用这套交通系统来确保庞大帝国的有效统治，要求即使再远的地方，都能随时如臂使指般不会松懈、没有脱节。但这套系统本身却不可能被严格控管到朱元璋想要的那种程度，更重要的，这套系统的存在本身就提供了最强烈的动机，诱引人们去破坏朱元璋的"清吏"规定。

修好了的道路不可能禁绝人民走上去，人民运用了这套系统就能以较低的成本将货物运到远方，也就必然刺激了商业交易的范围扩大，提升了贸易的效率与利益。运送成本降低、运送时间减少，分工生产的诱因提高了，商业贸易就介入了愈来愈多的产业之中。

再严密、严格的管制，都不可能抵抗如此自然的利益诱因。虽然朱元璋坚持这套系统只能用在军事与官事上，最终他的设计还是在促进商业活动方面发挥了最大的作用。依据完全相反动机所设计的统治工具，在近世后期却彻底改变了中国人的行旅交通环境，让更多人离开家乡，不再固定在土地农业上，并且不再害怕、没有禁忌上路远行。

曹雪芹《红楼梦》的第一回，讲甄士隐和贾雨村的故事。两人中秋对饮，谈话中甄士隐知道了贾雨村想进京考试却缺盘缠、无法动身的窘况，就拿了50两白银和2套冬衣给贾雨村，并且查了日子，告诉贾雨村：十九日是黄道吉日，适合雇船出发。

第二天，八月十六日，甄士隐想起来要写个荐书，又派家人去找贾雨村。家人回来告诉甄士隐："贾爷今日五鼓已经进京去了"，并且有留言给甄士隐，说："读书人不在黄道黑道，总以事理为要，不及面辞了。"

这段细节在小说中无关紧要，很多读过《红楼梦》的人应该也不会有印象，但从近世交通史的角度看却饶富意义。首先，贾雨村没有等到十九日黄道吉日才出发。中国传统中早在商朝就有"卜旅"的做法，外出行旅是件重要的大事，必须先求问吉凶。到清朝，这种习惯仍在，但是却已经没有那么大的约束力了。一方面是人们——尤其是"读书人"和商人——出门上路的次数愈来愈多，不再是几年才出一次门，甚至一生只出过三五趟远门；另一方面，也因为路上遭遇变数或危难的情况大幅减少了，也就不会那么在意出门时间吉利或不吉利了。

第二件，甄士隐知道贾雨村要上京，就给了他 50 两白银，这是"行资"，有时也叫"盘缠"。"盘缠"这个名词的来历很有趣，是"盘"和"缠"两个动作加在一起构成的。"盘"是将头发盘上去固定好；"缠"则是将裤脚绑起来，也就是"打绑腿"。两个动作都是出门旅行前该做的准备。

平常在家里头发爱怎么样就怎么样，但在外面头发勾绊却有可能带来不测的危险。明末《徐霞客游记》中就有行旅途中遭盗匪抢劫，人从船上掉落水中，因为头发散开而溺死的记录。将裤脚绑起来也是为了避免勾绊，另外还有防止蛇或昆虫等动物从地面沿着脚往上爬的作用。

"盘缠"名词的运用到后来愈来愈广泛，有了转音而成的"盘川"，超越了和旅行的必然联系，也可指称一般的费用。如果不是旅行花费普及到众多人生活中，是不可能产生这样的语言变化的。

另外"盘"与"缠"成了旅行的固定装扮，于是明代成书的《水浒传》中"神行太保"戴宗，他的标准行装、招牌动作也就是在腿上绑四个"甲马"，让他可以"日行八百里"，这清楚反映了当时对于行旅条件的认知。

04

从《金瓶梅》看送别，用《夜行船》做谈资

　　甄士隐原先不只替贾雨村准备了盘缠，还帮忙看好了日子，但贾雨村没等到十九日，而是十六日一大早就上路了，甚至没有正式和甄士隐道别。近世时期因为旅行的普及，告别的礼仪都改变了。

　　在过去，远行是稀有的大事，有相应的仪节凸显其严重性。在《颜氏家训》中提到，南方人尤其重视送别，送别时应该要眼眶泛红并有哭声的，表现其对远行人重视与担忧，这被视为文化教养中的一部分。因为这一去不知何年何月才能再见，更重要的是路上那么多变数，远行的人要承担各种甚至会危及生命的风险。

　　北方人因为受到南下游牧民族的影响，虽然也重视送别，然而到了必须分开的岔路口，却是"欢笑分手"。这种方式看在南人眼中，正是北人没有文化、缺乏教养的例证。

到近世后期，传统的送别规范还在，但不见得真正会实行了。大部分上路的人，事前都做好了准备，查看过路线，知道路该怎么走、要花多少时间，不会迷路、不会失联，也可以计划好回来的时间。当然离别时就不至于到哭哭啼啼的难过程度。

在明代，送别变成了社交场合，一群亲友借有人要上路远行，相聚吃吃喝喝一番。小说《金瓶梅》第四十九回，西门庆要送别蔡御史，书童先舀洗面水让蔡御史梳洗穿衣，然后西门庆在厅上陪蔡御史吃粥。粥是点心，是正式用餐之前暂时止饥用的。吃过粥，手下去伺候轿子和马，蔡御史对西门庆再三拜谢，之后两人一同出门上马，左右跟随，到了城外，进入永福寺，在长老的居室摆了一桌酒席，正式饯别。

酒席摆好，来了两个颇有盛名的歌女，唱歌陪酒。坐了一阵子，蔡御史起身，马和轿子已在山门外等候，西门庆依旧跟出来，要送到船上，蔡御史坚辞说："贤公不消远送，只此告别。"西门庆才终于上轿回头。

这是典型的近世后期的送别，是结交关系的重要场合。于是会有仪式性送别的，不再是亲人近戚，反而是针对不太熟却有重大利害关系的人，逮住机会献殷勤、攀拉关系。

贾雨村要上京，用的是甄士隐给的钱，因而可以"失礼"，不正式道别。如果要送别，又要甄士隐破费请客，在这种状况下就没那么必要了。另外，甄士隐替贾雨村打算时，是说十九日可以"买舟西上"，意思是雇一只船走。特别讲"买舟"，因为到了近世后期，交通发达了，南方走水路有另一种更容易、更普遍的方式，就是搭固定行程的航船。

这种在河上航行的船当然不大，不过也不是简陋的渡轮，通常会有舱房供旅客休息，一个人或两个人分配到一间舱房，也有类似通铺、可以挤较多人的大舱。这种船走固定的航段，只要有足够的旅客就上路，而且沿途有几个停靠站可以上下客。

这种船还有日航、夜航之分，提供在船上过夜的行旅方式，旅客睡觉，船夫赶路，可以节省时间。这当然必须要有相对宽广且安全的水面，也要船夫对航程水路极度熟悉等条件配合。

晚明张岱编撰过一本有趣的奇书，书名就叫《夜航船》，内容接近百科全书，搜集罗列了丰富、琐碎的知识。书中张岱明白说："天下学问，惟夜航船中最难对付。"意思是人生有一种痛苦，就是搭夜航船时要和不认识的人聊天。漫漫长夜，在船上的小空间中，也不可能做其他事，遇上了总得礼貌性说说话，但说什么呢？萍水相逢，交浅不能言深，那个时代又没有新闻八卦好当共同话题，于是就有了彼此考试的习惯——听过《水浒》吧，那就轮流讲108条好汉的名字；是读书人吧，那来说说孔子72弟子都是些什么人——用这种方式来打发时间。

张岱是读书人，偏偏常搭夜航船，所以总会遇到人家带点不怀好意地问："请问燕云十六州是哪十六州啊？""瀛洲十八学士到底是哪些人啊？"……所以张岱就编了这样一本参考书，把他觉得在夜航船上无聊时光中会被问到的问题及其答案都收集在书里。

05

明朝人怎么搭船、乘车？

近世后期的水路交通已经分出等级来，最低的是配合众人的固定航程；再来是虽然还是固定航程，但一趟航程只有一个雇主，可以依照雇主要求稍微调整时刻，早些晚些，停哪个码头或不停哪个，哪里多停一会儿或哪里尽快上路。再高一个等级才是"买舟"，也就是包船，由雇主决定行程也决定时间。另外，船也有大有小，有不同设备装饰。

最大也最豪华的船是"画舫"，但那不是真正的交通工具，而是提供在水上——湖面或江面上——消闲享受、吃饭喝茶听音乐用的。用在交通上的船，依照设备和船行速度等种种考虑而有不同的高低定价方式。

类似运输工具与运输方式的制式化，也出现在陆路交通上。

最低的等级当然是徒步，不过在现实中，除非是逃难，徒步长程旅行已经很少见了。比徒步高一个等级的，虽然是走路，却不必负重挑行李，而是可以雇一个脚夫跟着走，扛行李并兼有保护、向导和陪伴的作用。

短程的陆路可以"乘舆"，就是坐人扛的轿子；稍微简单些的形式，路程可以远一点的，有"山轿"；若要简之又简，最简就到四川人用的"滑竿"了。那是两根竹竿中间架设可供一个人坐下的小座位，由两个人一前一后抬着走的。

再方便一点，那就骑驴或骑骡，这都是可以负重的动物，步伐稳定，但速度缓慢。再高级一点，那就坐车。车又分好几种，最下等的是"北方大车"，这种车并不是只北方有，它其实是货车，"大"是形容以载重为主的性质，因而无暇考虑到人坐在上面的舒适程度，也顾不了行走的速度。

宋朝时这种车最早在北方出现，后来普及到全国各地。周密的《癸辛杂识》中有详细记录，说明"北方大车"可以载重四五千斤，是真的很庞大，拉起来当然不容易，必须用十几头骡子或十几头牛组队来拉。赶车子通常是两个人，一主一从，沿路吆喝，牛、骡乖乖听命。车子一定要配备好几个铃铛，边走边响，几里外就听得到，因为这样路上其他马或车就可以提前避开。这种车那么大，不可能和别人错车，车又那么重，也不能要它停下来或倒退，只好提早预告，叫其他行人和车马都让开。

这种车也无法随意停下来休息，常常要趁着夜晚路上空旷时赶路，于是赶车的人后来简直三分不像人、七分倒像鬼了。遇到降霜、下雪，或是雨后道路泥滑陷溺，那可艰苦啊！轮子陷进去，有时一下子连轮轴都折断了，这时候要修车子，那可是大工程，甚至迁延几天到十天才能再上路的情况都有。

从"北方大车"的规模我们就能够设想：一方面什么样的道路系统能够容纳这样四五千斤的庞然大物经常往来；另一方面要有多么繁荣的商业贸易需求，才会发展出这种显然是极大化，将道路载重推到极限的货运。

比"北方大车"高级的有"太平车"，取名"太平"主要表明乘坐此车不会有危险。因为这种车只由一头牛拉着，不只是速度慢，而且遇到稍微复杂点的路况，像是泥泞、霜雪等，这种车就得停下来走不了。所以另一层意思也就是坐车的必须是"太平之人"，即闲散没有急事，有的是时间和耐心的人，才适合乘坐这种车。

这是"太平车"的本意。明朝时"太平车"指的是最初等载人的交通工具，但到了清朝，"太平车"的舒适程度获得了相当程度的提升。"太平车"之上有"半装半坐"的车，顾名思义就知道这是客货两用车。通常套两头牛或两匹骡子，车子比较大，车速也会比"太平车"快些。

再上去一个等次，那是"套车"。叫"套"的，就指由马拉车，而且不止一匹马，马共享的拉车杆叫"套"，有两层拉杆且至少四匹马的是"双套飞车"，还有更夸张的"三套飞车"。"飞车"形容和牛车相比行进速度非常快。

06

旅行禁忌变少，建筑风水愈发讲究

交通发达了，相关旅店也必然兴旺。在近世后期的中国，开设旅店是一个重要的行业。在这之前当然有旅店，然而到了近世后期，这个行业才高度专业化。以前的旅店多半是住在道路旁的人家，以自己的住屋兼着经营的，而到了这时候，旅店的空间是专门给旅客用的，旅店的服务项目也固定统一下来了。

旅店不是饭店，并不供餐，但为客人提供"打火"服务，意思是你自己带着米、带着菜，店家给火、给工具让你烧煮。现代的语言中留下了"搭伙"这个词，应该就是从原先的"打火"转过来的。另外"打尖"这个说法，可能也和"打火"有关。有人主张"打尖"的"尖"，本来应该是时间的"间"，指旅店有客房给人休息，像是租借时间给人似的。这是另外一种说法。

明代一般的旅店不仅提供休息住宿的地方，提供炉火让旅客自己烧饭，也提供"浊酒"和冷泡菜配饭。"浊酒"是没有滤过的酒，大部分都是民家自酿的，制造难度很低，当然质量也不会高。和"浊酒"对应的，是"白干"，也就是蒸馏酒，看起来是纯净透明的，制造手续复杂，酒精浓度高，成本相对也高。

旅行普遍了，相关的禁忌到了近世后期愈来愈少。但相反地，在"住"这方面，也就是建筑的禁忌讲究，却在这个时代愈变愈多。"风水"观念运用在阳宅建筑上，基本上是在这个时期确立的。"鲁班尺"名称来自古老的匠人，但其尺度却是在明朝才固定下来的。明朝时由朝廷正式颁定了"鲁班尺"的各种法度数字，在全国统一，并同时确定了依循"鲁班尺"比例的许多"风水"衡量法则。

行旅上"黄道黑道"都不在乎了，为什么建筑反而有更多禁忌呢？因为建筑具备彰显、示范作用，表明盖这屋子、住在屋里的是什么样的人。不讲究、有所违犯，在众人眼中屋主的社会地位就下降了。

讲究"风水"带来许多群体生活上的困扰。例如说"风水"规矩第一条，所居之屋要坐北朝南，一直到今天，坐北朝南方位的房子房价都还比较高。一般乡间空地大，大家的房子都可以盖成坐北朝南，但到了城市里，人口密集聚居，有道路走向的设计安排需要，怎么可能户户都"坐北朝南"？

为了因应风水，在明朝北京城，就将大门都尽量开在东西向的道路上。南北向道路则都是人家的墙壁，于是城市中的"通衢大道"基本上都是南北向的，容易走车马，少有人停留。但东西向可就没那么好走了，随时随处都有大户或胡同门口，车马转弯进进出出。

影响所及，美国纽约曼哈顿的东西横向道路叫 street，中文翻译为"街"；南北纵向道路叫 avenue，中文则译成"大道"，刚好符合中国自身的城市习惯。这不是出自什么都市规划方案产生的结果，而是风水要求"坐北朝南"带来的集体安排。

07

官员住所规范及《五杂组》记载的建造之法

洪武二十六年（1393 年），朱元璋在重申驿道不能私用规定的同时，也订制了官员的住所规范。这是一份很珍贵又很准确的史料，因为我们只要将朱元璋的规定倒过来看，就可以清楚地知道当时和后来的人认为怎样的房子是好的，是最有价值的。愈是朝廷禁止，视为"逾制"的，对有钱又有能力的人就产生愈大的吸引力。

朱元璋规定不准有"歇山转角重檐重栱"，这是管屋顶的。基本上屋顶只能有一层，不能用细腻巧匠工法盖成双层屋顶。

再来不准有"彩绘藻井"。"藻井"是屋顶承力结构层层架出的呈伞盖形空间，在那里不能做豪华装饰，吸引人仰头观赏。

有特殊身份，受封为公侯，前厅可以有七间（或五间）两厦九架，这里的"间"是面积单位，"架"则表示四根柱子能支撑屋顶重量围出来的空间。中堂七间九架，后堂七间七架，家庙不能超过"三间五架"。家庙屋顶用黑瓦，可以有"瓦兽"，栋、梁、斗拱可以有彩绘，门窗可以漆成金色的，为了崇奉祖先，这部分可以最豪华。家庙再后面的房间，都不可以超过"五间七架"。

一、二品，厅堂五间九架，三品至五品，厅堂五间七架，六品至九品，厅堂三间七架。而且没有官品的老百姓，房屋绝对不能有超过"三间五架"的部分。

有这样的规定，就刺激了明代的房屋建设，竞相在"架"的结构算法上想办法，符合几架规定却做出尽量大的屋内面积。规定不能彩绘，于是一定要违规让自家在斗拱或藻井有彩绘。

《五杂组》书中说：南方人能做"无墙之室"，这就是"堂间建筑"，将屋顶的全部重量都分配在柱子上，墙壁并不承力，所以可以没有墙，房子还是好好的。北方人没办法盖这种房子。但北方有"无柱之室"，那是倒过来，所有的重量都压在承力墙上，所以墙所围出来的空间里，可以完全不用立柱子。南方人没办法盖这种房子。

南方有干栏式建筑，为了避免潮湿，将房屋建在木架子上，北方人听说了却不敢相信，也无法想象为什么有这种站在空中的房子。倒过来，北方人有往下挖的房子，房底下有地窖，南方人听说了也无法相信、无法想象。地窖在北京有，但更普遍的是在有窑洞传统的河北、山西地带。

这样的描述清楚地指出了传统建筑的南北差异，是因应不同风土环境而产生的。然而到了近世后期，在都市中却有了潮流，以南方建筑为典范，视北方建筑土气、落伍。这里的关键差异在于南方木工复杂度高于北方，所以同样的房子，用南方法式来建造，就有了可供炫耀之处，等于是另一种变相的"逾制"的表现。要用房子来彰显地位的人便纷纷放弃北方法式了。

08

借景、叠石，《园冶》中记载的造园之法

从宋代开始，建筑要和园林结合。园林，要有园有林，林倾向自然，园则表现人为的设计改造。唐末五代大乱之后，一些传统居住区域变得地广人稀，有钱有地位的人，得以趁机增加居住范围。到后来，园林之乐成为宋代发达的文人生活文化中的一环，士人的房子都讲究建筑与周围园林的有机搭配。

到了明代，"园林"的名字留了下来，但对应的内容却改变缩小了。首先，存在着朝廷的规约，大家再怎么想方设法"逾制"，毕竟有极限；其次，城市的发展吸引了愈来愈多的人移居，既要住在繁华大城市中，又想获得大面积土地，当然难度愈来愈高。

没有大面积土地，就不可能有保留自然样貌的"林"，而"园"因地之不足，也产生了两个不同的变化方向。第一是"借

景"，规划设计的重点从景物本身，转移到观看者的视觉体验，制造出丰富广阔的假象。明朝经典造园之书有计成的《园冶》，其中大篇幅地讨论、指点"借景"运用之法。

造园一定要先相地，即勘查地貌的特性。地有山林地、村庄地、郊野地、江湖地等等，而最特殊的类别，是城市地。在城市地上造园，要种梧桐树，让重阴树影制造出院落深广的感觉。要种柳树，给人有水有堤的联想。这是用暗示来左右视觉的办法。

然后要在几个关键之处安放小亭，让梧桐树的树荫遮覆着，另外有小池子在旁边，可以从水面映照月影，如此坐在小亭子里就会对烟雨等气候变化格外敏感。再来一定要有书房，要摆设四壁的书和画，书房外面的栏杆边可以种芍药，稍远一点的架子上则种蔷薇，蔷薇最好要依傍着石头。注意不要让竹编的东西遮蔽视线，那样会使空间感觉充满小家子气。

窗外要种芭蕉，芭蕉大叶子的叶影不时飘动，饶有趣味。要有松根露在岩石外面，可以增添古意和气势。

"城市地"中还有一种更困难的，叫"傍宅地"，就是自家土地紧邻着别人的房子。那怎么办？《园冶》书中教你在房子旁边和后面留下小块土地，挖一个小水池，让活水流经，然后做高一点的假山，旁边密密种竹子和柳树，创造出丰富的光影效果。

再来要用人文气氛来补景观之不足。要到处题诗，借诗来提点景色的意涵。放一点书在床榻边，加上几支钓竿，暗示和自然的亲近关系。

要能在小空间中借景造园，"叠石"是重要技巧。《园冶》中特别强调运用石头造假山，同时创造一种将大自然缩型的效果。一块或几块石头营造出山的形状与意趣来，有放大空间的作用，并且能够遮蔽视线，从不同角度看过去有不同的景观。

明代大文人王世贞写过一篇文章，描述当时的一座名园"景伊园"，其中大部分的篇幅，都在形容石头。他描述从房屋北望，可以看见好几座山，那都是假山。山有石梯可以走上去，在这个过程中就有了高下视线的变化。石头间还种竹子，石头坚硬不动，竹子则柔软摇曳。走到假山高处，有一段好像是凌空的，让人吓了一跳，有着在更高处的惊惧错觉。往下看，看到好多水池，因为居高而不是直接濒临水边，所以看起来水深不可测，如同渊潭。

还有十几座亭轩，散落在桥梁和石洞间。在一座亭听见水流滴滴答答的声响，转个弯绕过另一个亭，才看到盈澈见底的清水池，里面有几百只红色的鲤鱼游来游去。

这一片假山，周围其实不过 50 丈，但一路走过来却好像已经走了很远，这就是以"叠石"来造园所追求的效果。

明朝人的居住环境和明朝人的衣装有着同样的价值指引，都是讲究能在表面上给人留下什么样的印象。在建筑上确立了中国传统的特色 —— 追求景观的曲折变化，设计掌控观看者的视觉，不让观看者一眼望穿建筑与庭园。不是自行选择要看什么、要感受什么，而是在建屋造园的同时，便严格规划了景物的呈现方向与顺序。

第 四 讲

王阳明与
理学新发展

心性理气和佛性：佛教对理学的影响

中国近世史的重要断代标准之一，是儒学以"理学"形式脱胎换骨再生的现象。中古时期思想上最有活力的是佛教，儒学相较之下只以"礼学"为核心，保存在世家大族内部，维系门第内的人伦关系，但对外，流行的是谈虚、谈玄，是关于佛理的各种衍义讨论。

宋代之后，儒学复兴，主要的力量来自起而和佛教辩论，并且吸收了佛教的许多思考方式及内容，扩张了原来的论理范围。首先，儒学从佛教那里借来了哲学性的分析观念，开始谈"心性理气"。"心性理气"是理学的思想架构，用来分析宇宙的构成，人和宇宙的关系，以及解释并规范人与人之间、人与自我之间的关系。

从周敦颐、张载以降，有了和佛教互动之后产生的"心性理气"架构。心、性、理、气这几个词在原始儒家思想中就有，但其原义和宋明理学庞大且复杂的结果，不可同日而语。

其次，理学受到佛教另一项重大影响，来自关于"佛性"的讨论。谁有资格成佛？佛教修行的理论与方法，是针对什么样的人，对具备怎样条件的人有效？这在原始佛教中，本来没那么重要，但进入中国之后，其地位却不断被抬高。中古时期在中国最受重视的一部佛典是《华严经》，其中便有对于"佛性"的长篇说明。人具备佛性，但佛性是普遍的吗？普遍到每个人都有吗？什么样的人必定不能成佛？那是因为他们没有佛性，还是因为别的理由？成佛和道德伦理有关吗？曾经杀人放火、干尽世间坏事的人也还是有佛性，具备成佛的资格吗？

人人都有佛性，是由于各种因缘形成当前现实的"成住坏空"，当下的"住"是过去因缘所形成的，没有常性也不会停留，这个刹那过去其因缘聚合就又开始变化。一切现实都没有真实常性，那如果是这样，要如何谈佛性？佛性也是一时因缘吗？那如何认定人人都有佛性？

更麻烦的在于这样一套想法要和现实连接时，如何将道德伦理摆放进来？谁是好人、谁是坏人，谁比谁好？甚至人可以怎样变得比较好？这些现实中的关键问题要如何安放？

佛教进入中国之后，经过漫长的讨论折中，建立了"华严宗"的复杂论理逻辑，主张就连"一禅提"——世俗认定无恶不作、罪无可恕的大坏人——都有佛性。这样的讨论过程与结果，强烈影响了理学的构成。孔子去世后到战国时期，原始儒家分成了很多支派，而在佛性讨论的冲击下，到了宋代，这些支派以不同的标准被重新判定高下。

以董仲舒为代表的汉朝儒家，混合了许多阴阳家的思想内容，而且以《春秋》为最重要的典籍。相对地，战国时期的孟子、荀子没有那么受重视。但从西汉末年一直到东汉，孟子、荀子的地位提高了，不过这两支基本上不分轩轻。但到了宋明理学中，孟荀可就拉开很大的差距了。

孟子的"性善论"可以和佛教"人皆有佛性"的理论连接上，同样强调人是可以通过自我察觉的努力，借由修道、悟道来自我提升。理学因而有强烈的"内向性"，和佛教一样重视内在的醒悟，而轻忽荀子那样讲究外在纪律与训练的路数。

强调个人、凸显自在自由的"学"

和原始儒家相比，理学更强调人的内在、人的思想与体悟。"程朱"一派主张"性即理"，意思是我们的本性便是"天"所赋予的，每个人天生便在自己的身体里含藏了天地自然的道理。每一个人都和天地有着本能、神秘却自然的联结呼应。

强调"每个人"，这也是受到佛教影响而产生的一种对于个人的重视。理学竟然重视个人？因为朱熹的《四书》后来成为科举考试的标准教材，几百年间准备考试的学子都必须反复背诵其内容，产生了高度集体压抑的效果，以至于讲起"理学"，很多人的印象都是相反的。理学不就是"道学"，"道学"不就是那种拘泥字面、虚伪作态的"假道学"，不就是中国社会之所以僵化、之所以腐败的根源？

这是我们从理学的政治效果、社会效果而无可避免得到的推论，从历史事实上看不能说有错，然而这种看法对原有的理学思想是极度不正确、不公平的认识。相对地，没有这样根深蒂固印象偏见的人，如果专注认真地看待理学的主张与道理，会对理学有很不一样的解读。

像是西方汉学大家，美国哥伦比亚大学的荣誉教授狄百瑞（William Theodore de Bary），他在宋明理学研究上有很大的贡献，最主要就是极具说服力地提出了"中国的自由传统"的概念。中国在受到西方冲击，从西方传入哲学上、政治上的自由主义（Liberalism）之前，传统上其实已有自身的另一种探索自由、强调自由的思想系统存在。

理学或道学的源头是唐朝的韩愈，他的《原道》被认为是道学的奠基文献，提出了"道统"的观念。"道统"指的是一份从历史上传下来的真理，传到当下由我承担这样的精神和信念。谈"道统"，必然意味着举世滔滔有多少不同的意见、不同的说法，包括有政治权力支持的其他信仰，然而我选择站在"道统"这边，愿意付出代价以坚持"道统"。"道统"因而必然牵涉到个人选择，牵涉到承担的勇气。而韩愈成为理学追慕的对象，也因为他不只写了《原道》说道，他还有"谏迎佛骨"的真实事迹，敢于为自己的信念冲撞皇帝，并为此付出沉重的代价。

由这样的精神而衍生出对于"学"的反省。人到底为什么而学？又应该学什么？回到原始儒家，有荀子说的"为人之学"与"为己之学"的区别。读书为了考试、为了求取功名声誉，这都是

"为人之学"，都是荀子明确贬抑为"小人"的学习。相对真正有价值的、"君子"的学习，是"为己之学"，读书学习最主要是为了让自己成人，做个有信念、有原则、像样的人。

理学刚建立，周敦颐教导程颢、程颐兄弟，就提出了一个大课题——考察孔子、颜渊之乐。没有钱、没有名、没有权力，甚至不见得有未来的希望，他们还能乐什么？他们乐在学习，乐在发现真理，乐在知道自己成长变好，乐在知道自己实践真理，没有违背自己的信念。

"学"因此成为个人、私我的，别人无法替你规定。真正的学问是"自得于心"，你有自己的体会，并且因而得到了一份自在快乐，那无法交给别人，每个人都要自己去追求、去学习、去体会。

这样的知识学问，既强调个人，也凸显那份自在、自由的重要性。

03

跃动着道德英雄主义气概的理学

理学思想价值转向，也和佛教有关。佛教讲"解脱"、讲"得救"，而佛教的终极解脱，人类生命的最后归宿，是彻底离开轮回苦海，进入寂静涅槃。那就不是集体性的，而是每个人都自己进入涅槃。

佛教的这种个别性一度使得有着强烈社会纽带，原本在死后世界的想象中都要牵亲带戚的中国人很难接受，于是"菩萨道"在中国佛教大为发展，成为佛教中国化最鲜明的性质。"菩萨"是已经可以入涅槃却还留在尘世间救度他人的人，也就是舍弃了永恒之恬乐、愿意继续忍受时间变化之苦的人，更重要的，也就是舍自我之乐而保有群体责任感的人。这种挂念群体的价值观，比较能够让中国人放心。

不过"菩萨道"产生了另一种自我意识。已经修到可以入涅槃，却自我选择不入涅槃，这选择必定是自己的，一份自我牺牲的意志才值得佩服，才能有那样的精神感召力量。

强调个人自主选择的思想，从佛教进入了理学，使得原始儒家外在与内在的双向论理，其中内在的部分变得愈来愈重要。原始儒家源自封建制度有外在"礼"的规范，又加上了探究并理解"礼之本"的内在面向；到了理学的复兴重述中，外在的"礼"相对不那么重要了，注意力转到了内在的"理"。

人能够活得像样，主要不是靠外在的"礼"来规范你的行为，而是由更强大的、从内在发掘体会到的"理"。自觉地依照"理"来做人行事，那也就是要有自我抑制与自我选择，依循"天理"而远离"人欲"。

这些最根本的理学主张，和后来理学留给后人的僵化酸腐形象很不一样，其背后其实隐隐跃动着一种道德英雄主义的气概。从韩愈以下，到理学的开创者，他们特别在意人处于逆境的选择。当世界明显违背你所相信的真理原则时，该怎么办？不是蒙起外在的眼来假装看不到违理的现实，也不是蒙起内在的眼假装没有那超然永恒的真理，而是要明确地坚持"理"，必须对抗现实就坦然承担。

04

理学家吴澄对"豪杰之士"的探问

元朝理学家吴澄有文章《谒赵判簿书》讨论"然则何如斯可谓豪杰之士"。他带点自豪地说"我朱夫子",表示自己传承自朱熹,认朱熹为自己的老师,他先提到朱熹的答案是"才智过人者",再来提出自己的进一步解说,重点放在"过人"两字,也就是要有在其时代、环境下高于一般人的特殊能力。

接着他举例:战国时期天下之人都为了名为了利而奔走,为了夺得名利甚至不惜做出欺骗社会的不名誉不光荣的事,原本最重要的仁与义无法得到实践,再加上还有杨朱、墨子等混淆视听的理论滔滔流行,将世界弄得更糟。当时孔子的弟子也都凋零殆尽了,就在这样最糟的境况中,孟子出现了。

孟子彻底违反时代流行,既不趋向功利,也不被杨、墨的理论困惑，坚决立志学习孔子的正道，这是何等的勇气啊！孟子"过人"之处，就表现在当时一般风气皆弃绝孔子，但他非但不受影响，反而更坚持自己看到、认知的真理，挺而与时代风气对抗。这样的气魄造就了"豪杰之士"，也是靠这份气魄，孟子得以将孔子的真理传递下来。

然后吴澄还有这一句："以战国之时而有孟子，盖旷世一人而已！"很明显，这里没有荀子，整个战国时代只有孟子一人，因为他能对抗自己所处的时代，敢于和众人不同，也就是敢于坚持自我，信守自己所领悟的真理。

在孟子之后，孔子的学问道理又失传了，经历秦、汉、三国到隋唐、五代，一千多年的黑暗时期。这段漫长的时间中，儒家只剩一些教僵化陋习的"俗儒"，更多人则是被佛教、道家那些非常古怪之说所吸引，没有出现任何一个"豪杰之士"。唯一勉强可算例外的是韩愈。

到了宋朝，有了文化上的大突破，出现了许多拥有特殊才能的人。邵雍、周敦颐、张载、程颢、程颐，几乎同时崛起。他们崛起的背景是什么？是学校里都教些没有价值的内容，学子们学些乱七八糟的东西，但周敦颐竟然能自己体会出中断了千年的真理，而"二程子"程颢、程颐兄弟又独具慧眼选了周敦颐为老师。邵雍则是具备了能够洞视"天地之化"的奥妙道理、整理出最精微的象数规律的能力。

这些人对吴澄来说，都是"盖世之豪杰"，因为他们超脱于一般世人之上，他们敢于不与世人谈同调，去追求世人看不出价值的真理，这是最珍贵、最了不起的。

吴澄又继续说：这些豪杰的成就，在时间中又被磨损了。到了南宋，距离二程子、张载他们的时代将近百年后，在偏远的福建又出现了"朱夫子"朱熹。朱熹是新一代的"豪杰之士"，孔子的学问真理在他手中有了集大成的汇聚整理。

但是从朱熹的时代到吴澄写这篇文章时，又经过了一百多年，吴澄问："以绍朱子之统而自任者，果有其人乎？"现在可有能够以同样的勇气与决心继承朱子的人吗？这与其说是真正的问题，毋宁是豪迈的感叹，意思是：我就是认同这种"豪杰之士"生命价值观，义不容辞要来继承朱子的人啊！

很明显，在吴澄这样的理学家心中，"道学"可绝对不是保守无趣的静态继承，而是有着慷慨激昂的英雄气息。在没有人懂得、没有人在乎，甚至多数人与道统背道而驰的时候，自己决定要坚守这个立场。

05

理学回归初衷，许衡和刘因看似不同的选择

　　吴澄在宋元之际表明了这样的立场，从他眼中看去，理学在宋朝并不是主流。当然到了宋朝灭亡后，理学更有了新的存亡危机。从历史上看，理学的发展到朱熹是重要的转捩点，靠着朱熹的努力，理学取得了特殊的地位，成为正统，成为士人学问上的权威。

　　吴澄所想象的那种早年"道统"的困境，其实到了朱熹之后基本解决了，学习儒学、承担"道统"不再是令人意外、违背潮流的选择。但是金人占据北方，蒙古人进一步南下，使得"道统"再次受到伤害。新的社会流行风气是依附蒙古人，学蒙古语，和有权力的蒙古人、色目人应酬交往。此外也可以听命于蒙古人，接受政权所给予"汉人""南人"的政治、社会角色。

　　蒙古人当然不会重视儒学，于是"道统"、理学再度受挫。然

而从理学的根本信念上看，这不见得是坏事，因为如此处境呼应了理学建立之初所具备的那份悲壮豪情性格，将一些为了主流与权势而趋附过来的人赶了出去，等于对理学内部进行了一次"回返初衷"的清理。

和吴澄同时代的还有两位儒者——许衡和刘因。两人都是朱子的信徒，熟读朱熹的文章与理论。而且他们都认定朱子之学是天下至高的道理，也是他们个人人生的中心指导。

然而有意思的是，在各方面都如此相似，也都以"朱子之学"为人生哲学指南的这两个人，在关键的政治参与上却有截然不同的选择。许衡在元朝扮演了近乎"国师"的角色，在蒙古人理解汉人、订定对汉人政策上有过相当的影响。刘因却终身不仕，和元朝政权保持很远的距离。

两人的现实选择差异，并不意味着谁读朱子读对了谁读错了，而是表现出从宋末到元初，理学回复了原本的个人自由本位态度。许衡和刘因都读朱子，但他们都必须自己做出决定、自己找出承担的方式，不能从朱子的著作中得出标准答案。

许衡选择将理学，尤其是朱子的道理，用尽量简白的文字，甚至以蒙古人的语言说给新的统治者听。这是他出仕的理由。刘因则选择不和权力靠近，以便坚持从朱子那里学来的为人处世道德原则，不受威胁或利诱。两人都相信自己必须在这非常环境中承担"道统"，而承担的第一步就是自己做出对得起良心的个人决定。

06

理学在明朝受到"成功的诅咒"

情况到了明朝，有了巨大的变化，甚至影响了理学的根本精神。这些变化又和朱元璋有关。从一个角度看，朱元璋也算"道统"中人，有意识地协助复兴了理学。朱元璋将"朱子学"定为官学，规定科举考试要以朱子的《四书集注》为主要的教材，也就是以朱子的思想为标准答案。

不过从另一个角度看，朱元璋和士人的关系大不同于建立宋朝的赵匡胤。赵匡胤是真的感觉到需要士人来协助他解决上百年武人乱政的问题，彻底建立完全不一样的统治方式，寻求王朝的安定延续。他具体订定"重文轻武"的王朝基本政策，借由拥有文化与思想能力的文人来阻挡武人继续像唐末五代时那样荼毒社会。

另外，赵匡胤也要借考试取得地位的士人来彻底消灭仅存的豪门势力，因而建立了一个单纯取决于文化能力、文明程度的社会流动机制。低阶层的人家可以靠读书考试升上来，这样原本高阶层的人就会受到威胁，不能一直理所当然地维持地位，就再也没有豪门贵族了。

朱元璋表面上废弃了元朝的制度，重新和士人建立了紧密的政治关系，然而在宋、元之后，汉人社会已经平整化了。军人没有那么大的势力，虽然元末各方部队一时蜂起，依然无法改变文化中已经有的轻视武人价值观。天下统一后，武人很快就退到幕后了。即使是将领们也都根基短浅，不像唐末五代那样长期盘踞藩镇。所以朱元璋自己就能够处理、排除他们在统治上的分权威胁，不需要士人的协助。

另一方面，他也不需要用士人来压抑豪门，因为社会完全没有贵族存在的空间。于是朱元璋将士人视为行政上的工具，由君王来运用，位阶上绝对低于君王。如果说宋朝是"君王与士人共治天下"的话，那么明朝的统治模式更接近"君王与宦官共治天下"，而士人只是他们君王意志的执行者。

宦官永远在宫中，不只和君王亲近，更重要的是不会在君王看不见的地方厚植自身的实力，形成统治上的威胁。相对地，士人有家族系统，有地方实力，也就有发展为与朝廷分权的潜在可能，无法获得君王真正的信任。宋朝建立起的义田、讲学风气，到了明朝后期，却被朝廷强力抑制，就是这种不信任的明显表现。

这样的权力架构变化，给理学带来无法预见因而也无法抵御的重大打击。表面上看，理学是正统、是标准答案，骨子里也就使得理学没有了发展的可能。理学的想法、说法都被考试制度固定下来了，新的想法、说法不只必须通过朝廷认可，而且会牵涉到考生背诵答题的准备！

理学在明朝受到了"成功的诅咒"，成功地提高了地位，非但不再被打压忽略，还成了朝廷意识形态的正统，然而也因此失去了理学原本之所以成立、之所以吸引人的那份英雄豪气了。当然一并也没有了豪气所带来的对于个人选择、个人道德承担的强调。

07

道理早于圣贤存在，追求"自得之学"

理学在明朝成为一套固定答案，不再是活的、变化的、可以应对真实生活的思考，而是培养、选拔官僚的手段。

明末清初黄宗羲编撰《明儒学案》，挑选了吴与弼为明朝前期的理学代表人物。吴与弼的核心思想是认定：最了不起的圣人是尧、舜、周公、孔子，建立了质上面至高的典范，无以复加。但是从量上看，后世还是需要人才来增加、补足圣人的量。在程度上，不可能超越尧、舜、周公、孔子，但是不能一直只有远古的这些圣人，要有人想办法追摹学习圣人之道，让自己成为和圣人一样的人。

必须要有一种志气，也就是每天发一个念头、做一件事，都仿佛看到圣人就站在眼前，以圣人为标准来检验自己、提升自己。

吴与弼的成就在于将成为官学的理学重新内在化，重新和士人的生活、修养联系上，让理学有可以改变生命的力量。他一辈子没有做官，在给朋友的信中陈述了他的精神与追求：

世俗之人不理会我，我以他们的态度来自娱；世俗之人嘲笑我，我也因他们的嘲笑而感到自得。我每天光是努力要亲近圣贤都来不及了，哪还有闲工夫去理会其他的？最糟糕的不过于不懂得将书中道理和自己联系上，书是书，我是我，读书只是从耳朵进去从嘴巴出来，表现给人家看而已。

黄宗羲明了明代儒学在此点上得到了突破，强调理学是内在的学问，必须和自我生命发生真实的关系，而不是拿来外在表现的。吴与弼之后有陈白沙，他讲学最重视的就是"自得"。"自得"不只是自得其乐，而且是所有的一切知识都要回返心上，成为自体生命的内容。那不是别人给你的，而是你通过亲近圣贤道理，并予以实践而自己获得的。

陈白沙强调：学圣贤，就要真的去"学"，真的去模仿圣贤的作为。不要只羡慕、崇拜圣贤，当个旁观的粉丝，那样的心情维持不了太久，走不了太远。没有下功夫内化圣贤道理与圣贤行为，日子稍微久些，因为没有行为实践的根底，连心意也会废弛了。

《孟子》书中说人有恻隐之心，看到无辜孩子快要掉入井中，一定会出手救助。不要停留在羡慕、崇拜孟子能说出这么精要的道理，而要思量这么精要的道理就算孟子没有说，你是不是也要奉行？道理比孟子更重要，就算没有圣贤说过，没有前面的权威可以依赖，只要自己想通了是真理的，一样要实行，不能停也停不了。

这叫作"自得之学"。

他认为一般士人读书了解圣贤不是真的学，那么真的学要学什么？独立于圣贤，将自己当作圣贤，而不是因为圣贤教过了就照单全收。在圣贤之前，没有人告诉他们答案，他们是自己摸索出来的，也就表示道理、答案早于圣贤存在，独立于圣贤存在。你要更自尊自重，去独立寻找道理、答案，去追求"自得之学"。有所得，是因为内在有一股力量让你体会到这是对的，让你非如此做不可。

08

王阳明贬谪龙场当驿丞的政治现实

从吴与弼到陈白沙，他们提出了人和学问之间、人和圣贤之间的不同关系，这也就是王阳明思想的主要背景。而王阳明的影响远超过吴与弼和陈白沙。

王阳明出生于1472年，至1529年去世，是浙江余姚人。1499年明孝宗时中进士，6年之后，孝宗驾崩，有名的明武宗正德皇帝，即戏曲《游龙戏凤》的主角即位。正德皇帝会成为戏曲主角，一方面因为他曾经在正德十四年（1519年）游江南，给民间留下了深刻印象；另一方面他有很多荒淫好玩的事迹。

朝鲜的史料记载，朝鲜派到中国的大使留下来的记录中有一段对于朝鲜国王的称颂，以中国皇帝一个月只上朝两次，对比赞颂朝鲜国王每月上朝20多次，真是勤政。而且中国皇帝不住在正式的官中，而是住在"豹房"里，因为在那里不受皇宫礼仪约束，方便他过放浪淫乱的生活。

正德十四年三月，皇帝宣布要南巡，有大臣书谏反对，皇帝看了很生气，就下令翰林以下相关的107位官员在午门前罚跪5天。有一位武官张英，是武科举出身，读过书有一定的知识水平，他刻意阻挡皇帝的车架，以刀自刺胸膛血谏，虽被侍卫夺刀，但后来遭杖责八十身亡。100多位官员罚跪5天，皇帝还没消气，又将140多位官员处以杖刑，其中11人惨死在杖下。

因为朝廷的大骚动，皇帝暂时收回成命，不去南方了。然而六月接着爆发了宁王朱宸濠叛变的"宸濠之乱"，皇帝还是在八月以平乱为由到南方去了。在南巡返京中途一度落水，紧急救起来，但回到北方后没多久就死了。

武宗在位时重用宦官刘瑾与所谓的"八虎"，这些人是他当太子时就在身边服侍的。他刚即位时，孝宗朝的老臣对他们有意见，意图将他们从皇帝身边赶走。皇帝当时还忌惮老臣，提议将刘瑾为首的"八虎"遣放到南京去。老臣中有鹰派、有鸽派，鸽派倾向同意皇帝的提议，鹰派则主张对这几个人必须除之而后快。

刘瑾等人于是求见皇帝，痛哭跪求，皇帝被说动了，改变主意，任命刘瑾为司礼监掌印太监。司礼监这个机构听起来就只是主管宫中礼仪的，不过在司礼监之下，有一个叫作"东厂"的机构。刘瑾任内，又在"东厂"之外加了一个"内行厂"。

有了这样的过程，刘瑾当然痛恨外朝士人，从武宗掌权之初，就酿造了宦官和士人对立的气氛。王阳明在刘瑾当权时，便因为上疏搭救同僚而惹祸上身，被皇帝下令"杖四十"。"杖四十"是很严重的惩罚，打下来是在"死活之间"，看你的运气好坏，也看你原本身体状况，可能打死了，也可能活了却留下严重的伤残后遗症。

王阳明在朝廷上被打得死去活来，活过来后又被贬谪到贵州龙场去当"驿丞"。

09

王阳明：某于此良知之说，从百死千难中得来

明朝皇帝对待士人的手段恶毒凶残。在南巡集体罚跪、集体杖责事件之前，王阳明还在朝中，亲历目睹过另外一件惨祸。正德三年（1508年），宫内御道上有人张贴匿名帖子抨击刘瑾的所作所为。刘瑾竟然就以皇帝之命，要所有官员都到奉天门下罚跪，跪到有人出面坦承为止。跪了一天没有人承认，于是规定五品以上的天黑可以回家，五品以下的则集体羁押。

后来查出这封密奏不是大臣，而是宫中另外一位宦官写的，那些被羁押的大臣才得以释放。

王阳明也不过就是上疏为同朝另外的大臣辩解，就几乎惹来杀身之祸。而且他在前朝弘治年间就中了进士，当时是已经有近10年资历的官员。廷杖没死，接着还要活受罪，发配到贵州，

这在当时又是另一桩生死之间的惩罚。那是"瘴疠之地"，很多中原的人去了都会染病，很大概率就死在传染病下，再也回不了中原。

堂堂一个近10年资历的进士却去当"驿丞"，管极度偏僻地区的一个驿站，这又是多么严厉的降等。遭遇了一连串完全无法想象的挫折危难，王阳明在龙场获得了思想与精神上的主要突破。

在此之前，他依随主流，认定朱熹思想是真理，在龙场遵照"程朱"的"格物致知"理论，努力"格"竹子。朱子学中认为每项事物都有其道理，而万事万物的道理又是彼此互通的，所以讲究仔细研究每一项事物，穷究其理，经过累积，就能通达完整的天理。然而王阳明"格"竹子"格"到生病了，都没有"格"出什么关于竹子的道理，更不用说碰触到天理了，反而因此而深刻体会到这条路是走不通的。

他的思想进入了一个新的阶段：即使是像朱子那么了不起的人，都有见不到之处。当他的方法对我无效，当他的道理无法说服我，我不能因为他是朱子就舍己从人。

接着他又读了很多佛教、道家的著作，将其和自身的灾难性经验做比对，才产生了后来对学生说的："某于此良知之说，从百死千难中得来，不得已与人一口说尽"的领悟。他的领悟和吴与弼、陈白沙的思想是相通的，也就是真正的信念是从具体的生命考验中生出来，而不是从书本里读来的。

他再三强调"百死千难"，凸显那样一份存在的疑惑与困扰，必须寻求解决。因而得到的不是知识上的答案，而是存在上的解决。他进一步扩大了自己和朱子之间的差异，上追陆象山作为思想的源头。

10

王阳明：是"好恶之知"，而非"闻见之知"

朱熹是个集大成者，要将所有的理——人伦与自然之理——全都统合在一起，这样的野心是感人的，所成就的庞大系统也是惊人的。这套系统的轴心在"性即理"。有天理管辖万事万物，而我们如何认识天理？天理就在我们内在的本性中，人的本性是按照天理形成的，因此我们作为人就取得了认识天理的基本能力。天理不是外在、陌生、不相干的。我们靠这份亲近性与理解力，去研究万事万物，逐渐"格"出其道理。刚开始是认识事物的个别道理，累积到了一定程度，"感而遂通"，理联结起来，于是天理对我们彰显了。得到了通盘的天理，也就是天理流行。

王阳明在龙场，决断地将朱熹的系统一剖为二，事理归事理，人理归人理。直截了当地说就是：怎么可能从竹子的道理，联系到了解做人的道理？这两者不是像朱子理论中假定相通的，而是明确断裂不同的。

作为人，当然是学习人的道理比较重要。在此，王阳明对于"知"有了新的定义。《传习录》中，王阳明先刻画了什么是理想的社会。投射在"唐、虞、三代之世"，即尧、舜、夏、商、周的时代，老师只教一件事，学生也只学一样东西——世间之人是一体的。我看待所有的人，和看待我自己，在保护安全、提供教养的基本条件上都是一样的。

在那样的理想社会中，所有的人都只有一种想法、一种价值观，很自在就能实践这个观念的人，是圣人；经过努力能够做得到的人，是贤人。而如果在这个态度上有所违背，不管再怎么聪明有能力，都被当作"不肖"之人。

而且这不仅限于读书人，各种行业，从城市到乡间，农、工、商贾都一样学这个，重视能够成就这样的德行。换句话说，这项学习、追求与行业无关，也与行业所需要的技能无关。那个时代，没有乱七八糟的说法、理论，也没有叫人家要背诵的知识，没有泛滥的文章辞藻，没有功利竞逐，而是遵循最简单的原则：孝亲、尊长、信任朋友，去除个人自我中心，回归和其他人为一体。

学校里教育只以成就德行为目标，其他就任随个人去发展不同才能。有在礼乐方面有才能的，在政教方面有才能的，在水土播植上有才能的……学校在他们成德之后，才帮助他们在才能上精进。

过去的圣贤们，如皋陶、夔、稷、契这些人，有的管政治，有的管礼乐，有的管稼穑，有的管农业，却都是平等相处。精通农耕的稷，他完全不懂教育，也不会因而感到羞耻。

也就是说知识、才能这方面的"知"，是分散、多元的，而且往往是依照自己的潜能就能去追求的，不需要特别去学，也不需要特别去教。物理与事理既然是分散的，每个人按照自己的天赋才华各自去发展即可。在理想社会中，一个会种田的，不必羡慕会讲课的，因为那只是不同性质的能力，不是作为人的关键。

作为人的关键，特别要教要学的，如果没有学好学会就应该感到羞愧的，就是"好恶之知"，也就是能够知好歹，能够辨认是非。每个人的内在应该有一个共同基础，那是社会能成立、能运作的大本大源。

王阳明谈"知"，指的都不是"闻见之知"，不是知识，而是更根本的好恶是非判断。这种"知"的原型，是我们看到壮丽的大山大水会被感动，会知道这是美的。我们闻到厨余垃圾时会知道那是臭的。这种知识是"良知"，也就是与生俱来的判断力，当人正常的时候，它就能够发挥作用，助人分辨是非好坏。

你知道活着比死了好，你知道健康比生病好，你知道用脚走路是对的，颠倒过来用手走路是不对的。你知道什么样的东西你爱吃，什么样的东西绝对不能吃、绝对不会想吃。这才是真知，才是王阳明重视的知识，是会和我们具体、当下的行为相关的知识，作为我们行为依据的知识。

11

知行合一，将扭曲良知的各种因素扫除

从这样的"知"推衍出来的，是王阳明的"知行合一"理论。

王阳明的弟子问：我知道"孝"的道理，应该要孝顺父亲，却就是做不到，自己身上的例证不就显示了"知"和"行"是两回事，如何说"知行合一"呢？

王阳明回答，那就表示你没有真的"知"。真正的"知"既然是"良知"，是本能的好恶，那么当然同时、当下便产生行为动机。知道美，必然产生爱美的心情，以及想靠近美的冲动，那就是"行"，不可能维持在静态的"知"。闻到了臭味，这项讯息一定同时带来想要避开的念头，有了掩鼻或走开的行动。

这不是两回事，是同一回事。不需要先知道了，然后说服自己应该要掩鼻或走开，更不需要慢慢、反复推论到底该怎么办。

这种"知"本身就带着"行","即知即行"。

"知"与"行"的分离，是因为所"知"的内容或方式是错误的，是假的，将"人理"当成"事理"或"物理"来认识了。你知道竹子如何生长，你知道该怎么养竹子，这可以是单纯的"知"，没有相应配合的"行"。但如果你认识竹子的方式是体会竹林中的幽静与聆赏风吹竹林的妙音，那么你便不自觉地朝竹林中深入，或在竹子旁多停留一段时间，那岂不就是"行"了吗？那样的"行"又怎么可能和"知"分开呢？

王阳明诉诸"性善"，承袭《孟子》，认定每个人都有"好善恶恶"的本能，喜欢美好的，必定亲近美好、避开丑恶。可是为什么人人都有"良知"，但不是人人的行为都一样？因为心的本体不会总是、随时如实反映出善恶好坏来。

借用禅宗的比喻，人的"良知"像一面镜子，正常状况下会立即照出事物的模样，是好是坏清清楚楚。然而人一生下来，和外界接触，这面镜子就开始受到各种欲望、经验与扭曲教导的污染。如果上面沾满了各种污迹，表面产生了起伏不平，那么镜子上显现的就不会真实了。

于是虽有"良知"，但不见得人人的"良知"随时都在正常运作。也因此重要的功夫不是去外求事物的道理，那是"事理""物理"，而是检验、打扫自己内在的"良知"。这样的功夫叫作"致良知"。

真正值得学的，只有"人理""良知"，相应地，学习的方式不是外求的、累积的，在外追求了再多"事理""物理"，无助于认识自身"良知"的状态。"知"的程序与方向，是往内的，是做减法的，将扭曲"良知"的各种因素予以扫除，还原"良知"，也就是恢复"即知即行""知行合一"的本原状态。

"知"是要廓清心体，借由诸如主静、打坐、慎独、默视等做法，使得人能够再度明白"孝"是好的，立即生出去实践"孝"的冲动。

12

大诈伪时代下逼出的王阳明思想

王阳明的"知行合一"理论，仍然和自身"百死千难"中的存在反思有关。他所处的时代，包括他自己差点被打死的劫难，指向一个严酷的问题——从政治到社会上的"言行不一"。他不过只是上疏说了几句自己相信的话，他自认应当的是非判断，就招来了差点送命的惩罚。推广来看，这样的环境使得人"信言不一""信行不一"，想的、相信的是一回事，说出来、做出来的是另一回事。如此岂不就是个全面的"大诈伪时代"？而且到后来，迎合欲望与利益的诈伪言行就内化遮蔽、改造了一个人原本真实的信念、信仰。

王阳明要从思想、理论上彻底解决这个问题。一个层次上，他坚持你如何想、如何感受就该如何行动，这中间应该是直接、直觉的联结，去除掉其他利害的考虑。如果有犹豫、有算计，那就表示所信与所言所行间有了距离，你缺乏勇气或陷于贪溺而无法让自己真诚。

"诚"因而是极端重要的美德，在实践上就是"不自欺"。在另一个层次上，王阳明太清楚要诚实活着，所信与所言所行合一，那需要很大的勇气，所以他主张以学习、修养的方式，去除从思想到行动之间的犹豫和算计空间，回到本心直觉上，良心上觉得是对的是好的，就去做。在"知行合一"理论中，任何迟疑、衡量都不好都不对，要训练到自己能够凭借"良知"而"即知即行"。

这样一套理论有其坚实厚笃的时代与社会背景，本质上是对于现实的一份严厉批判。儒学变成了"官学"，产生了刺眼的"庸俗化""空洞化"的倾向。那个时代的读书人，读的明明都是儒家关于人伦行为的道理，然而读的时候就当作考试背诵内容，完全不落在现实行为上。这样的现象愈来愈荒谬，也使得其他人愈来愈看不惯读书人的明显虚伪，读书人的地位也愈来愈低。

王阳明重新定义过后的"知"，就像是在暗夜中看见脚边一块东西，你定睛检查、比对，突然确知了那是一坨狗屎，那一瞬间，你必然立即将脚移开，也必然有让自己避开远离的行动。看待人伦德行，我们要用"知"的态度去探索，不是只浑浑噩噩地依照习惯或前人的规定，那是鉴别之"知"，产生判断领悟的当下，必然伴随着行为。判断是善，那就当下去做；判断是恶，那就当下去改。判断是对的，那就当下趋近；判断是错的，那就当下撤离。

王阳明最大的贡献，在于碰触到了明朝社会最严重的问题——那就是看中外表、内在空虚、愈来愈作伪的风气。穿衣服重外表，盖房子重外表，文人读书也重外表能炫耀什么，而不是内在人格与真实行为遵循什么样的原则。

程颐、朱熹都"主敬"，王阳明转而强调"诚"。"敬"是外表看得出来的态度，"诚"却是内发的，同时又规范了内外关系，知道什么就做什么，如何想就如何表现，这样的内外关系才称之为"诚"。

一切都要回到内在的真实，如果不能和内在的知识、信念联系上，那就是"不诚"，那就是假的，所以说"不诚无物"。

从一个角度看，如果不是那样愈趋诈伪的明朝社会风气，不会逼出王阳明这样的思想；换另一个角度看，要是没有这一套"王学"——在明朝也被称为"陆王之学"，没有王阳明思想的巨大影响，明朝社会恐怕还会更糟糕，明朝可能要灭亡得更快一些。

13

每个人心中自有真理的后遗症

王阳明的理论一时风靡。他提出一条明白、简单的原则，你从书中读来什么好坏道理，不能放在身外，必须进入内心诉诸良心判断，如果是对的，那就立即去实践。听到这种"知行合一"的解释兼训令，很多人都有恍然大悟之感，也都受到了强烈的道德刺激。不过我们也很容易可以察知，这样的理论会带来的种种后遗症。

王阳明的思想是对应明朝社会问题而产生的，它像是强而有力的短拳，拳拳都有效打中对手。不过它没有脚步上的系统挪移方式，更没有呼吸吐纳的深厚基础，因而一旦离开了那样的社会情境，就不容易支撑了。一方面这样的思想很容易被误会、误用，变得人人按照自身判断行事，不须外求客观知识，只须聆听自己内在的声音，可以完全依赖主观，可以自我中心不受拘束。真理被相对化了，每个人心中自有真理，无法沟通也不须沟通，这样就失去了标准。

另一方面，因为这套思想来自真实的存在困扰，要解决特定的生命问题，因而比较难被转换、转译到不同的情境下，也就比较难处理变化的状况。和朱熹建立的庞大系统相比，"王学"的确很简要，当然也就无法全面。

"王学"的价值及其缺点是紧扣在一起的，如果不能具体应对现实，"王学"不会在明代有那么大的力量，然而这项特性却也使得它离开了这套现实，王阳明的许多说法就很容易变形扭曲，产生种种流弊。

第 五 讲

明代的
戏曲与小说

"中国的自由传统"是怎样的自由？

前面提过狄百瑞对于"中国的自由传统"的说法。这样的论点，很新颖、很具启发性，却是在中国和在西方汉学中两面不讨好，两边都招致了强烈的质疑与批评。

在中国的学术史定见中，战国时期诸子百家争鸣，那是思想自由的时代，也是唯一的思想自由时代。从汉朝以降，"独尊儒术"的官方立场形成后，就再也没有自由了。尤其是宋明理学，在"五四"新文化运动中被认定是"礼教杀人"的思想权威，必欲去之而后快，其头条罪状不正是钳制了几百年中国人的思想？在宋明理学中怎么可能有"自由传统"？

如果中国原本便有"自由传统"，那么"五四"这些反传统的人岂不都是徒劳？他们在争取什么啊？要不然就是狄百瑞所说的

"自由"，和"五四"时追求的"自由"不是同一回事，那么狄百瑞说的只能是假的"自由"，充其量只是有限的自由。

的确，狄百瑞说的是相对有限的一种自由，那是人心内在的自由，指涉自在自得的状况，并没有要挑战外在的社会条件。在社会现实安排上，你无法决定自己要是一个什么样的人，但理学让你可以在心里、在对待人的行为上，获得自我决定的修养。

从西方汉学的角度，他们惯常强调中国的独特性，也就是和西方文明对应下的差异。自由主义是西方文明最关键的特色，怎么中国也有？狄百瑞所提出的"中国自由传统"，一定不会是西方自由主义的那种自由。

和西方自由主义相比，狄百瑞解释的"中国的自由传统"有一个最明显的缺漏，那不是建立在个人主义（individualism）基础上的，没有对应社会，是外于社会的个人性（individuality）。那样的自由竟然都是在社会人际关系中实践的，不凸显个性，也不保障个性歧异，这样也能称之为"自由"？

希望大家能理解，当我引用狄百瑞的说法来铺陈理学的历史时，我的态度不是民族主义、民粹主义地要告诉大家：喔，中国早就有自由思想，早就有自由主义，我们不需要羡慕西方，不需要向西方取经。我的重点是提醒大家，儒学传统到了近世，已经转折，变化出很不同的内容。同时进一步，可以借由"自由"性质的差异，和西方对比出中国社会的特征。

02

戏曲能够发展，靠的是身份制松动

中国社会最主要的组构原则是亲族身份。这是远从公元前11世纪，周人"剪商"并取而代之之后便建立起来的。周人推翻了商人的神权统治模式，换上了自己的人文、人本主义文化信念。在这个信念上又建立了现实的封建组织，将家庭、亲族系统扩大到社会、政治秩序的安排上。

在社会乃至在政治上，一个人最牢固的意识不是自我，而是亲族人际关系中的位置。你是谁的儿子、谁的弟弟、谁的丈夫、谁的叔叔……一连串的亲族关系决定了你的身份，也决定了你的自我认知，你不可能离开这样的亲族关系来定义自己。生活中的每件事都被放进这套复杂关系里来判断要如何做才对，每个节日都有相应的仪式再三强化亲族关系。

这样的社会结构根深蒂固地运作了两三千年，一直到最近的几十年，才真正松动、被打破。也因此中国的各种文明表现，都不可能离开如此坚实又无所不在的社会基础。

让我们从戏剧的角度来探索。今天我们看电视剧、电影，很自然地将演员和戏中的角色混同。这也就是找大家都认识的明星来演戏的好处，观众一下子就认得戏中角色，不需要一段辨识谁是谁的过程，可以马上进入情节状态。

因为习以为常，我们就很难检讨察觉，这样在演员和角色之间自然变换出入的经历，在人类历史上并不是普遍、必然的。

古代希腊是戏剧的重要发展时期。在城邦组织中，每个市民是以"自由民"身份参与公共生活的。城邦生活中重要的仪式，例如奥林匹克运动会，重点在于凸显、确立人和神之间的关系，去参加运动比赛，也都是以个人身份，顶多带着城邦认同意识去的。个人和个人之间，存在的是一种区隔、竞争的关系。

"文艺复兴"时期是戏剧发展的另一个关键阶段。早先的"十字军东征"带回了在欧洲失传已久的古希腊、古罗马典籍，刺激了借由复古来摆脱现实教会与封建制度层层束缚的冲动。中古封建制度是一套身份制度，用上下隶属关系让每个人都有其领主，也有其部属，每个身份都附随着一套固定的互动权利与义务规范。"文艺复兴"带来了身份松动。

今天我们看戏剧的黄金时代，我们认识的是埃斯库罗斯、索福克勒斯、莎士比亚，从剧作家和剧本上去认识，很容易就忽略了戏剧要能发展，必须要有演员，而演员能演戏，要有一定的社会条件配合。

　　古希腊关于演员留下来的资料太少，不过对于莎士比亚的剧场、演员、演出的方式等，我们得以有比较详细的认识。通过这些我们就会明白，戏剧能够发展，靠的是身份制松动，有从固定身份中可以游离出来的相当空间。这些人才能摆脱固定为人妻、为人母、为人叔伯兄弟的身份，在舞台上可信地变化为另一个人，让观众从他身上看见哈姆雷特或李尔王。

03

从"诸宫调"到"杂剧"的形式差异

如此我们也就能明了，为什么在元代之前，中国的戏剧一直不发达。中国戏剧史上的突破，是元杂剧。宋、金南北分立时，在北方出现了诸宫调。名剧《西厢记》有两个流传下来的版本，董解元的"董西厢"（又称《西厢记诸宫调》），以及更有名更受欢迎的王实甫的"王西厢"（又称《崔莺莺待月西厢记》）。两个版本虽然写的是同一个故事，但在戏剧形式上却有很大的差异。

"董西厢"保存了诸宫调的基本性质，"王西厢"则已经转为杂剧了。诸宫调从名称上便看得出来其实是以音乐为主的，接近歌唱曲集的性质，集合了很多不同曲调的歌，放在一起演唱。原本歌与歌之间没有什么关系，就这样一首一首唱下去，后来有人就想到多费些心，将歌曲排出一个有意义的顺序，让歌和歌的联结可以有心情乃至故事的发展。再下来，就有人在如此排出来的歌曲和歌曲间添加旁白，于是单纯的歌曲演唱，开始具备了戏剧的性质。

诸宫调的情节基本上依赖旁白来推进，旁白描述形容小姐到了花园，然后唱一首关于季节花开的歌，接着红娘跟上来，然后唱一首顽皮扑蝶的歌。戏剧情节主要是为了将歌串在一起，很明显地，歌是主，情节是依随、辅助的。

到了杂剧，旁白大幅减少了，而是将剧情融入歌词中，一边唱一边表现剧情。于是诸宫调中基本上用说的情节，到了杂剧变成用演的了。另外，本来故事都由一个旁白者来说，演小姐的、演红娘的，都只负责唱歌。到了杂剧里，小姐说小姐的话，丫头说丫头的话，愈来愈不需要旁白说故事的人了。

诸宫调里，台上是说故事的人和唱歌的人；杂剧演出时，台上是扮演小姐的、扮演丫头的演员。

在过去的中国传统社会里，因为严格的亲族身份约束，很难接受演员。那是变换身份，台下一个人，到了台上却变成另一个人。亲族制状况下，一个人不会个别、单独地存在，我们要认识他，必须知道他是谁的儿子、谁的兄弟。

我们可以从杂剧的形式回推其演变的过程。杂剧固定分为四折，最前面有一个开场的楔子，实质上是五个段落。四折的长度大致差不多，楔子相对比较自由，可长可短。这很可能是因应后来故事情节愈写愈多愈复杂，四折的形式由于自身限制无法适应后面的变化，就运用楔子来做弹性调配。

四折中有唱有白，也就是歌唱和说话的部分，另外剧本上会标示"科"，那是特定的动作或脸部表情。分成四折的原则是每一折有一个不同的主角，那一折里由他从头唱到尾，其他人不唱，只说话，所以四折的说话对白都称为"宾白"，明确地指出唱歌的人是"主"，其他人在舞台上说话是配合他的。

一折演完了，换另一个当下一折的主角，本来唱歌的人到了下一折就不能再唱了，只能说话。这是很大的形式限制，让故事情节很难开展，所以后来才会在楔子上多做文章，来取得相对的自由。

从戏剧效果的角度看，这种形式真是碍手碍脚。但如果从文学的角度，以及中国社会如何准备接受戏剧的角度看，这种形式的来历与意义倒是很清楚。

04

杂剧为什么从歌唱开始？

谈中国文学史时，我们习惯将文体和时代并合在一起看，每个时代有其主流的文体——楚辞、汉赋、唐诗、宋词、元曲……而元曲又分为杂剧和散曲。

那么，杂剧和散曲的关系是什么？为什么一个是戏剧，一个是韵文作品，却放在一起成为元曲？

简单地说，散曲上接宋词，原本就只是曲，是杂剧构成的元素，然而等到杂剧成形、流行了，和杂剧的集合集体样貌相比，就变成了"散"的，才有了"散曲"之称。

"词"原本是歌词，是配特定的曲子让人家唱的，但就像从乐府诗转向近体诗，民间来的音乐素材在文人参与创作之后，逐渐被文字声韵取代了，不再和曲调密切配合，而成为独立于音乐之外的文学作品。

北宋时，堂堂宰相欧阳修写起"词"来，都还是变身为女性声音、女性立场，清楚表明其性质是为歌女传唱而写的歌词。但到了南宋辛弃疾的词，几乎没有一首不是从自我立场、自我感怀出发的了。这时词的文人化已经完成了，写词的人心中不再有歌，不再有歌女了。

李清照在文学史上有独特的地位。她的那个时代，大部分的词是男性写的，写的却是女性感怀的内容，呈现出性别错位的情况。李清照自己是女性，沿用词的女性口吻，于是她的词就变成了亲身抒发，词中的声音就是她自己的声音。欧阳修写的词绝对不是表达自己的感情，李清照的词却很难区分作品和作者，于是就近一步使得词的内容和词的作者身份合一。她和辛弃疾一样，都是以词来表达自我，发抒自我的经验与感情。

杂剧为什么从歌唱开始，而不是直接用口白表演？很重要的理由是，中国社会有着严密的身份制度，而歌唱是少数被接受、被认定可以暂时抛开原有身份，假设为其他身份的形式。唱歌时歌者进入歌词的情境与感情中，不再是原先的自己，这是已经能被理解的。

四折的安排，每一折有而且只有一个主要的歌唱者，也是为了让观众适应角色，去除对于演员与角色身份的混淆。这一段里，观众就专注认识这个角色，习惯这个角色，到下一段再加入另一个角色，不会一下子好几个角色，让人眼花缭乱。

歌唱是固定的，写好歌词的，他（她）的角色身份最明确。

说对白的人是搭腔的，是附随的，刚开始只有短短一两句，可以现场发挥。剧之所以和歌会有如此密切的关系，只能在歌唱的环境中演剧，正因为在一个没有表演传统，没有习惯将人和角色两种身份区别开来的社会，必须依靠歌唱的协助，才能完成身份转换。

诸宫调的演出形式，最早就是歌曲汇集，由一名或一组歌者连续唱很多首歌。这时候没有角色问题，唱歌的人其身份就是歌手。后来将这些歌串出一个顺序，不再是东一首西一首，而有一个情节或故事骨干，主要由旁白的人来讲述，也还是牵涉不到角色演戏。关键在于更进一步将由同一位歌者唱的歌联系起来，他就变成了一个角色，唱的同时也在扮演这个角色。本来的演唱会形式就转变成为类似歌剧了。

05

从《西厢记》看文人为杂剧添加的精神资源

元朝统一了南北,科举中止了,于是大批文人失去了借由文字进入官僚体系的机会。他们的一身文字功夫变得没有了主要的用武之地。再加上交通发达、都市繁荣的相应条件,于是就使得原本在北方金朝开发出来的诸宫调、杂剧形式,得到了大量新资源的投入。

文人为杂剧添加了精神资源,都市娱乐事业为杂剧添加了物质资源。文人的加入快速改变了杂剧形式的分配比例。文人当然也写歌词,将歌词的多样表现予以扩张,不过歌另有音乐的部分,还是掌握在传统艺匠手中。相对地,文人可以在对白方面有所发挥,于是"宾白"的分量愈来愈重,不只是话变长了,话中的内容变多、变丰富、变有趣了,而且说话的人也变多了。戏剧成分增加,也就能表现更复杂曲折的故事，甚至可以细腻地发展角色关系与人物个性。

一言以蔽之：文人提供了充分条件，让杂剧由唱的充分转型为演的。"王西厢"中有一段特具代表性的例证，发生在红娘和崔莺莺之间的关键场景，都是用说白表现的。

崔莺莺先说："这般身子不快呵，你怎么不来看我？"如此对红娘抱怨。有意思的是，红娘回答说："你想张……"意思是你因为记挂张生生病才叫我。而一听到"张"，崔莺莺急忙反应："张什么？"红娘就取笑她："我张着姐姐哩。"意思是我不过就说了"张"这个字，也可能是"张望"的"张"啊，你就如此反应过度，不就证明了"你想张"吗？

崔莺莺也就不掩饰了，对红娘说："你与我望张生去走一遭，看他说什么，你来回我话者。"红娘拒绝："我不去。夫人知道不是耍。"如果被夫人知道了，就完蛋了，这不是开玩笑。崔莺莺就哀求道："好姐姐，我拜你两拜，你便与我走一遭。"崔莺莺还真的拜了，红娘只好说："侍长请起，我去则便了。说道：'张生你好生病重，则俺姐姐也不弱。'"好，我愿意去帮你跟张生问问，然后回头糗她一下，我会说张生你生了病，我家小姐害相思病也不轻呢。

在对话中传递出歌唱无法达到的灵活、细致变化程度，创造出戏剧的迷人味道。

杂剧以北方大都为中心兴起。大都有足够多聚集的人口，那是观众基础。西方古希腊和文艺复兴时代的戏剧发展，也都依靠城邦的现实条件。元代大都不只是政治与经济中心，蒙古人也最多，因而是中国传统社会、文化相对最为松动的地方。再加上许多外来人口混杂活动，给了戏剧发展难得的历史空间。

"王西厢"中不只是红娘，包括崔莺莺，都不是中国传统良家妇女的形象，即使在城市里，都不是那么容易可以被公开认可。但在大都就不一样了，有蒙古人及其他文化背景的不同道德概念流荡着，对这种异质形象的禁制力量相对小多了。

06

从"南戏"到"传奇"的嬗变

杂剧先在北方大城市发展，然后影响到南方，出现了"南戏"或"南曲戏文"。南戏是用南方的语言和音乐风格唱的，但在杂剧影响下，形成了边唱边演的方式。原先相较于杂剧，南戏很粗糙，因为之前并没有清楚的"戏"的概念为其衬底。从南戏的变化可以清楚看出，在杂剧之前，"戏"的概念其实并未充分发展，没有一套如何演戏的模式。杂剧的四折结构，才让人对于"戏"有了固定的印象。

南戏刚开始时明显是粗糙的，这边凑一点歌曲，那边凑一点故事，然后再凑一点对白，没有杂剧那样明确的程序。演出场所多半是野台，一种临时形成的空间，没有固定的剧院。

《南词叙录》中说：

"永嘉杂剧"兴，则又即村坊小曲而为之，本无宫调，亦罕节奏，徒取其畸农、市女顺口可歌而已，谚所谓"随心令"者，即其技欤？间有一二叶音律，终不可以例其余，乌有所谓九宫？

浙江永嘉一带流行的演剧，用的就是平常乡野小曲，不成固定曲调、节拍，没有专业乐理创作基础，带有高度即兴性质，充满随兴的乐趣，偶尔才出现一两首像样符合乐理的，大部分都是任意凑合的。

这种粗野的南戏到了明朝有了变化的契机。元朝灭亡之后，明朝经过了先定都南京再迁都北京的重大决策，南北之间有了新的一波交流，文化势力发展出现了逆转。

南宋灭亡时，有一批南方的文人往北走，去参与了北方戏剧文化的开展，在那里将原本粗糙的歌曲表演，经诸宫调而转化为完整、精致的杂剧。然而到了明朝，一个重要的爱好者、支持者改变了杂剧的命运。

这个人是明周宪王朱有燉，他是朱元璋的孙子，极度热爱杂剧。他身边聚拢了一群文人门客，帮助他创作了 31 部杂剧。他做的戏，当然很受欢迎，会有很多人基于各种理由来捧场。他身边必然围绕着更多和戏剧表演有关的人。还有，一定会有很多模仿他的风格来写戏、演戏的人。

但也正就是观众与好评来得太理所当然，亲王所创作的戏，不容易有什么原创性。应该倒过来说，不需要写出什么了不起的作品，光凭他的身份就可以让这些戏获致成功。

据统计，朱有燉的 31 出剧中，写长寿和神仙的有 8 出，写妓女的 6 出，另外光是有关牡丹花的就写了 3 出。杂剧本来就有比较规矩的格式，又遇到朱有燉这种因循旧题材的写法，加上群起仿效者大量制作类似作品，戏剧内在的活力很快被耗尽了。

北方杂剧之兴，本来就靠一部分没有参加科举而北上的南方文人参与。明太祖朱元璋起自南方，至成祖才将都城北迁，这些因素影响下，杂剧在北方衰微，结果产生像跷跷板般的效应，给南戏注入了新力量。

南戏本来因形式不工而被蔑视，这时反而成了最大的长处。明代从南戏中脱化出另一种戏曲的形式，称为"传奇"。传奇在唐代指的是特别的故事，到了明代则是从南戏中变化出的戏曲。

总的来说，这波进入南方的戏曲活力，推动了几个方向的变化。第一，原本唱与说的清楚界线逐渐模糊了。杂剧中唱归唱、说归说，到了明传奇则是每个角色都能唱也都能说，说和唱的内容充分交杂。

第二，各个角色之间的区分界线也趋向模糊。杂剧以"末"和"旦"为主，再区分几种不同的"末"和不同的"旦"。到了传奇，则是生、旦、净、末、丑的大致区分，但规则没有那么严格，比较松动、自由。

第三，戏曲处理的内容范围愈来愈广，将许多不同种类的故事都纳进来搬演。不过在大部分原有界线区别都松绑的大方向上，却在音乐领域有完全相反的变化。音乐的曲调、节奏愈来愈讲究，要求愈来愈严格，要符合乐理，更要追求精致曲折。

整体来说，"南戏"朝向"传奇"变化，明显看得出文人的作用，表现了文人的特殊关怀，包括一份精益求精的态度灌入其中。另外不容忽略的，是愈来愈多专业观众的存在，他们的眼光和品位要求，推动了戏曲创新突破，并追求细致表现。

专业观众只有可能在有很多演出的大城市中形成，累积了够多的观剧经验，他们对于如何唱、如何演有一定的评断意见，而且也就无法忍受依样画葫芦的单调作品，会要求演员提高演出的水平，以满足他们看戏的享受层次。

07

南戏的多种唱腔与昆曲的流行

近世中国社会基本上是平的，阶层上下区分的差距愈来愈小，反映在戏剧上，就是出现了一种特别的主题 —— 两种不同生活形态的人，在戏剧的空间中遭遇了，因而有了误会，误会或许加深而制造了悲剧，更常见的是误会化解而以喜剧收场。

在阶级森严的社会，一个人会遇到的基本上是同样阶级的人，阶级内部以及阶级之间有非常明确的行为模式，那就不可能出现这种主题。人与人之间不太有误会，也就不需要谅解。在相对平铺的社会，不同行业、不同地域的人彼此之间的壁垒消失了，频繁的移动使得人与人相遇碰撞的概率提高了，不同习惯、不同价值观就容易产生摩擦。

近世后期的京戏、昆曲中，一再地出现穷人与富人间或是南人与北人间的互动，从中刺激出戏剧性来。这反映了一个水平式的社会在摸索着不同的社会组织原则，也意味着有许多专业的团体，在其中扮演了愈来愈重要的角色。

《南词叙录》中说明了当时戏曲中使用的各种唱腔。一种是从江西起源的"弋阳腔"，流传的范围很广，包括北京、南京、湖南、福建、广东都用这种唱腔。另一种来自浙江会稽的"余姚腔"，通行于长江南北，常州、润州、池州、泰州、扬州、徐州这些地方。第三种是"海盐腔"，顾名思义来自浙江东南沿海地区，通行于更南方的嘉州、湖州、温州、台州等地。最特别的是"昆山腔止行于吴中"，后来发展为最为精致难唱的"昆曲"。

"腔"是从曲牌而来的，不同的"腔"意味着唱不同的曲子。每种"腔"都有成套的旋律。当时没有乐谱，所以都是用曲牌来告诉乐手和演员，这段如何演奏如何演唱。每个乐手、演员学过并熟练的曲子有限，固定的一些曲牌合集在一起就成了一种"腔"，乐手、演员就可以专注地学这种"腔"，写戏的也就照这样的"腔"去写。

由这样的说明我们知道：南戏和杂剧不同，它没有统一的格式、统一的演法，光是唱腔就有很多种，甚至相邻两个地方流行的唱法都不一样。在《南词叙录》成书的时代，昆腔是势力最小、流行范围也最小的一种"南戏"，可是慢慢地昆腔的成长程度超过了其他的几种唱腔。

昆腔和弋阳腔、余姚腔、海盐腔有着根本不同之处，它并不是在演戏般不断演出中长期琢磨出来的，而是来自个人有意识的创作。 昆腔的创造者是昆山人顾坚，后来经过了魏良辅的大幅改革。

依据清初余怀《寄畅园闻歌记》的记录，魏良辅学习过北曲（即元曲），但后来就发现自己学北曲，学不过北方的专家，像王友三这样的人。 于是他就转而潜心开发南方的曲调，非常专注地下了10年的功夫。 那个时候"南曲"相较于"北曲"还很原始，纯朴没有什么细致之处。 魏良辅特别关注人声与曲调之间的配合，依照昆山地方所使用的语言，量身定做新的曲子。

魏良辅的新曲在音乐上极为讲究，旋律曲调既要配合歌词抑扬顿挫，还要顾虑咬字吐气运用的唇舌部位，更不能忽略追求增加歌词所要表情达意的效果。 吴中地区的老乐师听到了，都觉得不可思议，自叹弗如。

昆腔原本流传区域最小，因为不是长时间通过众人集体创作产生的。 后来昆腔却取得了戏曲上的最高艺术地位，也是因为靠着魏良辅的超人天分与精心细思才改良得来的。

到了嘉靖年间，昆腔、昆曲逐渐征服了江南大部分区域的观众。 昆曲的流行和职业观众的形成与培养互为表里。 一般观众一年看三五出戏，不会太计较戏的好坏，也没有那么多记忆与经验可用来比对、评量。 但在城市中出现了那种一年看50出、80出戏的人，他们娴熟戏的形式，能记得戏的情节，那么他们看戏就有余裕注意讲究很多细节。 歌词怎么写的，曲调如何唱的，演员如何演的，甚至动作如何做的，他们的眼光促进了戏曲的精致化升级。

08

说书、话本、章回小说与观众

这种职业观众的心态与需求，也有助于我们了解明代章回小说的发展轨迹。

章回小说的渊源来自"说书"，其内容原本是用说的。今本《三国演义》或《水浒传》都有话本形式的前身。"话本"指的是说话人所本，就是他们说书时用的底本。说书这个行业是师徒相承的，所以前一代将讲的主要内容抄录下来，一方面作为自己演说时的备忘，另一方面可以用来训练徒弟，再留给徒弟。

因而，话本其实是工作本子，不是给一般读者看的。话本会用说话的口气写，而不是用正式的文言文，因为是为说话人实际应用而写的。话本的目标读者是说书这行的同业圈内人，往往在内容上有很多减省，只保留故事骨干，或其中重要的段子重点，其他的则由说书人实际说话时加油添醋、即兴发挥。

宋朝开始有了话本。那个时代的说书人一般不会定居于一处，而是有点像西方中古时期的吟游诗人，走到哪里讲到哪里。一个地方不会待太久，待个几天几夜，将一个故事讲完了，就往下一个村落或城镇去寻找别的听众。听众一直在换，故事就可以不用换，只需要少数几套故事便够用了。

就像戏曲受到城市生活条件影响产生的变化，在乡间的移动说书环境到了城里就固定下来了。地点固定了，往往连时间也固定了。有茶楼、有勾栏提供演出的公共空间，有习惯在这些公共空间看表演的观众，他们会反复造访，看戏成了他们生活的一部分。于是说书人不能讲同样一套或几套故事，观众听过听腻了，当然就不会愿意再进来消费。

还有，城市里的观众不是偶尔听故事，不是逢年过节能找来专业说书人就兴奋期待的乡下人。他们听多了，自然形成对专业说书的要求，用这套愈来愈高的标准去寻找够格、能让他们享受到娱乐消闲之乐的对象。

章回小说的出现，相当程度是因应这种说书新环境而产生的。为了招徕并应付这种常客，所以今天结尾时，预留一个钩子，设一个悬疑，告诉他们"预知后事，且听下回分晓"，这样他们就有动机下回又进来喝茶了。

第一回讲完了有第二回，第二回讲完了有第三回，但客人不知道到底一共有几回，往往说书人也不见得知道。有人想听就继续编下去，编到没有人了当然就结束，如此而形成了章回小说篇幅长以配合松散结构的特点。

找到适合的长篇故事，才能吸引观众不断回来。所以像"三国"或"五代"这种讲史的内容受到青睐，许多说书人便投注心力来讲，所以蔚为流行。还有像《水浒》那样的设定，也有特别的道理，开场就先摆出了"108条好汉"的注定命运，铺好了可以有100多个故事的广大空间。《水浒》要从石破天惊的预言开始讲起，也是源自说书的逻辑，让观众知道故事有那么大那么多，要他们好奇地一直跟着。另外《水浒》中梁山泊好汉人数随时间不断增加，清楚反映了这些故事受欢迎的程度，所以说书人不断加码，力求长期将观众抓住。

不断回来的观众，累积经验、听故事成精的这些人，愈来愈难讨好。于是说书人必须讲究各种能拉住观众的技巧。比如开头有回目，那是预告，让观众知道今天大致会听到哪个角色、哪方面的情节进展。每回结束有个紧张悬疑动作，刺激观众好奇，确保他们会回来找后续答案。要不断精简前情提要，一方面照顾到之前没听过或听过忘掉了的观众，另一方面要避免听过、记得的观众因重复而厌烦。说书人如果发现观众对某个角色有特别的兴趣，就让他的故事当主线，继续推展；倒过来，若哪个角色不受青睐了，就赶快将故事叙述从他身上引开，巧妙地换到别的地方去。

乡间的说书行业，像是以前在车站开餐馆。这种餐馆一定不会好到哪里去，因为做的是"一次客"的生意。要出发或才到达的客人临时需要在这里吃一顿饭，吃得满意了也不会再回来吃。倒过来吃得不满意决定下次再也不来了，那也没关系，因为本来就不知何年何月他才会再到车站这边来。做得好不会有生意上的报酬，做得不好也不会蒙受损失，他们当然没什么动机去改进厨艺和服务了。

然而面对常客，态度可就不一样了。有专业观众，就必须拿出精益求精的专业态度来。必须控制节奏，必须穿插嬉闹笑话，必须创造间断性的波折，必须有热闹高潮。

09

小说：高度的行业集体性质和随兴游戏性质

标准提高了，光靠说书人个人能力不足以应付，就会愈来愈仰赖行业内的集体智慧。配合印刷术发达的条件，话本有了从量变到质变的提升。

话本原先是说书行业的副产品，帮助说书人摆脱记忆的沉重负担。之后，好的话本不只可以为说书人提供更多的故事，还可以对他们说故事的结构安排、转折变化进行改进。于是话本的需求增加，有了印刷发行的可能，等到印刷成书后，其印数及销售渠道就吸引了其他说书行业以外的读者了。

话本从"说话人的底本"，逐渐转化为"小说"，也就不再是拿来说的，变成了拿来看的。说书行业会进步，话本会流行，和文人投身参与其中很有关系。元朝是因为科举中断，明朝则是因为科举愈来愈难考，这就释放了大量的文人能力与精力到考试之外的领域。以他们的知识和文笔改造"话本"，就成了其中成效最高的一个领域。

要将故事说得更好听、更迷人，需要文化创意人才。刚好这时候出现了很多受过教育却离开仕途的文人，两相配合，实现了"小说"这个领域的突破。在突破的成就中，罗贯中有很大的贡献，施耐庵也有很大的贡献。可是历史上对于这两个人的记载都很少，甚至无法确定到底哪些作品是出于他们之手。有作品却没有太多对作者的记载，正表明了从"话本"走向"小说"过程中的高度行业集体性质。他们不是在书房里孤诣冥思，而是继承了一代又一代传留的说话人底本，予以增删整理。

还有，他们所做的并不在传统文人成就认可范围内，而且带有高度随兴游戏性质，因而他们的作者身份不会被着重地记录下来。然而他们的整理工作做得极其出色，以至于将这些作品带离了说书行业的限制，得以面对更广大的读者，甚至让非专业的人都能拿着他们整理的结果，到处讲故事，将故事流传得更广。

对照今天还留存的一些话本，我们可以看出罗贯中、施耐庵绝对是第一流的作者，故事在他们手中整合并得以脱胎换骨，升高了一个等次。由文人改造既有的话本，逐渐地才进一步有了个人创作的小说出现。

《三国演义》的文字古雅，内容是整理长期流行"说三国"的说书故事，然而使用的语言却是文人的。这是以文人立场对说书的改造。《水浒传》运用的则是白话，也就是保留了说话人的语法与口气，文人的作用是整编及扩张故事。而明代最突出的小说《金瓶梅》，则从《水浒传》的武松故事开场，保留了和说书之间的关系，然而不只是视角转入西门庆家中，离开了江湖恩怨厮杀，而且内容是不适合书场演出的富豪家内包括情色的生活细节，显然出于具备如此华奢经验的个人创作。

三部作品呈现了整理长期流行的内容、文人介入改造以及单独创作话本的三种不同方式。

《水浒传》最大的贡献在于确立了角色与个性之间的关系。在英文里，character 这个词既是"角色"，也是"个性"，清楚地反映了西方戏剧的关键性质。角色在剧中最主要呈现的是其个性，观众借由个性来辨识角色，对角色形成印象并投射反应。没有个性就不成其为有效、吸引人的角色。

《水浒传》在这方面表现突出。开场出现的花和尚鲁智深出场即令人难忘，因为他的所有夸张行为都统合到统一的个性上。武松有武松的个性，林冲有林冲的个性，宋江有宋江的个性，绝不混淆，都有效抓住了读者的注意力，给其留下深刻印象。

《金瓶梅》的作者署名为"（兰陵）笑笑生"，真实姓名无可确认，就更无从讨论其生平了。这样的事实显现了创作小说这件事，仍然处于文人活动的暧昧边缘位置，有兴趣、有动机去写出这么大一部小说，却无法从这样的工作中得到同侪的肯定，因此必须将这件事和自己作为文人的其他部分严格区分开来。

10

中国文明的一段"新造字运动"

明代的小说形成了新的传统。从历史上看，这个传统极其特殊，以至于到这么晚的时代才出现。最特殊的是摆脱了文言文，确立了用白话文写作的做法。中国的文字从来都不是表音的，传统上和语言之间长期保持若即若离的关系。文言文绝对不是记录任何人在日常、现实所说的话，正因为这样，才能在语言高度不统一，各地方言隔绝难以沟通的情况下，以同样的文字建构出范围辽阔的、统一的中国文明。

中国文字有搭配的声音，但没有必要反映语言。文字和语言之间的关系是在历史中逐渐靠近的。唐、宋两度发展的"古文运动"都反对骈俪风格，也就是阻止文字更远离一般运用的语言，自成和语言完全脱开的系统。从"四六"骈文到唐朝的近体诗，其目标是建立专属于文字运用的音韵体系，只表现在文字的声音齐整上，与日常语言无涉。

唐宋"古文运动"虽然反对纯粹人造的音韵排比，却没有强烈到要主张文字应该记录语言。从商、周以降，这套文字系统一直独立于语言之外，取得比语言来得尊贵、稳定恒常的地位。如果要文字记录语言，那是将文字降等，甚至是亵渎文字。

世界上其他的主要文明，因为使用表音文字，在文字发明时就完成、固定了语言和文字间的关系。但在中国，这两者却长期处于暧昧不清、分合摆荡而有着不同距离的状态中。中国文字终于确定去记录语言，并且留下可以长篇记录语言的做法，竟然是到明朝才完成的。

夸张些说：从戏曲的对白到章回小说，我们看到的是中国文明中的一段"新造字运动"。所造的不是一个个新的字，几千上万的字已经在那里了，但要通过试验将这些字和语言对应起来。"这个""那个""咱们""你们"这些词语，都不是自然、自动存在的。惯常语言中有这样的音，但要选怎样的字来代表这样的音？"这""那""个""咱""你""们"这些字原来都不具备这样的意思，纯粹是从声音的考虑而挪过来使用的。

在明人小说中，我们会发现：愈是口语中常用的词，愈是不固定，会有很多种不同写法。因为这些词过去不会被写在文章里，所以现在才在小说中摸索试验着该如何写比较好。

语言很难固定下来，其功能是确保说的人和听的人之间彼此会意。所以在交通不便、互动团体很小的地方，语言会有很大的歧异变化。不过，一旦人有更多机会到外地，语言沟通的团体变大了，连带就会产生需要将语言统一、固定的动机。统一和固定的两种需求基本上是一并发生的，不同地方的人要说同样的话来沟通，这种语言就不能随任何人的意志改变。

到了明代白话小说大盛，寻找文字将当时的一些语言用法写下来，才多少产生了统合、固定语言的作用。

很遗憾的事实是：我们不知道司马迁如何说话，我们也不知道韩愈日常说话用什么样的词语、有怎样的口气。我们只能知道明朝的一般人如何说话，因为总算用文字记录在小说里了，顶多借由明代的小说，对比宋代的文本，回推宋朝时人们可能的说话方式。

关于文字，历史上可以一直回推到 3000 年前的甲骨文，然而关于说话的记录却短浅多了，是靠着戏曲和小说在明代的发展，才带来了这样的突破。

第 六 讲

黄仁宇与
《万历十五年》

革命像 101 年才可通过的长隧道

黄仁宇先生所著的《万历十五年》是明史研究上非常奇特的一本书。这本书将两种完全相反的内容巧妙甚至可以说不可思议地结合在一起。

在这本书中，我们会读到很多细节，来自很底层很烦琐的史料，像是《神宗实录》。《实录》里保留了皇帝每天活动的记录，见了什么人、说了什么话，是为将来的人写"正史"而保留的资料，极为庞杂，很难使用。即使是历史学家在运用这种底层一手史料时，也通常心中已经有了特定要探索的题目，再去浏览翻查，才可快速排除不相干的部分，找出自己认定重要的。

而黄仁宇读《实录》，有很不一样的眼光，挖掘出来写进书里的，常常是别人认为不重要的细节。然而提供了众多细节的这样一本书，其观照的视野，却又极其辽阔。基本上是要用一本书的篇幅说明明朝中叶从政治到社会到文人思想的总体结构，而且带着高度问题意识，要让读者清楚感受到这样的时代、这样的政治、这样的社会，哪里不对劲，出了什么样的问题。

这本书试图改变我们看待明朝历史的方式，更有野心要提供对于明神宗之后的中国历史，不一样的观点。

黄仁宇自己是这样说的：

《万历十五年》一书虽只叙述明末一个短时间的事迹，在设计上讲却属于"大历史"（macro-history）的范畴。"大历史"与"小历史"（micro-history）的不同，则是作者及读者，不斤斤计较书中人物短时片面的贤愚得失。其重点在将这些事迹与我们今日的处境互相印证，也不只抓住一言一事，借题发挥，而应竭力将当日社会轮廓，尽量勾画，庶几不致因材料参差，造成偏激的印象。

这是第一段。第二段他接着说：

中国的革命，好像一个长隧道，需要101年才可通过。我们的生命最长也无逾99年。以短衡长，我们对历史局部的反应，不足成为大历史。读者若想要高瞻远瞩，首先必将历史背景推后三四百年。《万历十五年》旨意于是，因之我们才可以确切看到中国传统的社会、政治、经济、思想等等有它的结构与节奏，也有它们牢不可拔的特点。与新时代应有的条件一比，距离过大，一到必须改革创造之际，不可避免一个地覆天翻的局面。

　　这是《万历十五年》（台湾食货出版社）中文版自序最前面两段。这本书最早是用英文写成，在美国出版的，后来有学生和助理参与，黄仁宇自己主导将书的内容翻译成中文，另外为中文版写了一篇英文版没有的序文。

　　在英文版中他提到了"大历史"（macro-history）的概念，但在中文版里，他强调的是"革命好像一条长隧道"。中文版的说法有着黄仁宇自身特殊的经历，是带着强烈感情写出来的。英文版的读者无法体会，这本书的题材是明朝的历史，但黄仁宇的写作动机却绝对不是单纯为了要了解明朝。甚至可以说，正因为有这样的超越了解明朝以外的动机，这本书才会写得如此杰出、如此精彩。

　　《万历十五年》当然是精彩的明朝史研究，但是任何一位只是在意要将明朝历史弄清楚的历史研究者，绝对写不出这样的书来。黄仁宇说革命像是一条长度101年的隧道，而我们人寿再长，不会超过99年。谈明史为什么会扯到革命呢？因为这里显现的，不是历史、历史学知识的背景，而是黄仁宇人生的背景。他在书中探索、呈现的，不是单纯客观的知识，而是一个存在问题的解答。

02

中国为何无法成功地回应西方冲击？

《万历十五年》中文版的作者简介告诉我们：黄仁宇，1918 年生于湖南，天津南开大学肄业。他大学没有念完。依照正常的学程，应该 22 岁从大学毕业，算一下，他 22 岁那年是 1940 年，那是抗战时期。所以他离开了南开大学，进了成都中央陆军军官学校。因为进入了抗战后期，太平洋战争爆发了，中国和美国并肩作战，他得以有机会到美国。他得到的正式学位，一个是"美国陆军参谋大学毕业"，另一个则是"美国密歇根大学历史学博士"。

他可不是正常进大学得到学士学位，再进修硕士，然后进博士班，最后取得博士学位。在这中间有"历任国军排长、连长、参谋等各级军官"，然后是"随国民政府驻日代表团团长朱世明将军解职退伍"。退伍之后，他才得以在美国攻读研究生，才最终得到密歇根大学的历史学博士学位。

他成长于中国最动荡的时期。1918年是"五四运动"的前一年，中国共产党成立的前三年。用殷海光（1919年出生）的话形容，他们这一代是"后五四人物"，没有赶上"五四"的光辉风华，却深受"五四"所创造的新文化最强烈的影响、模塑。

"后五四人物"的青春时光没有办法用在文化创造上，而是经历了战争的磨难，而且黄仁宇还是在第一线上以军人身份见证了战争，大学没有毕业就应召从军，再进了军官学校。以军人身份去美国受训，他得以和"五四"的文化知识背景接轨，接触到西方的知识与生活。

战争与军事生涯拖迟了黄仁宇的学术文化追求。他到1968年才在美国找到教职，再算一下，那年他已经50岁了。他在美国密歇根大学攻读博士，他的老师是当时任教于密歇根大学的余英时，而余英时出生于1931年，比黄仁宇小13岁！黄仁宇是不折不扣的老博士生。

可以这样说，黄仁宇的前半生，被时代和国家耽误了。他的经历用传统说法来说是"折节读书"，放下军旅的成就，中年以后重新安静下来做学问。所以不只有一种正常读书人不会有的知识饥渴，而且他特殊的生命经历必定会影响他如何看待历史，如何研究历史。

他念兹在兹的是：为什么中国如此悲惨？为什么会有这样的时代，眼前看来都是不成功的改革、一连串革命的挫折？他出生时，辛亥革命已经成功7年了，然而他却从来没有享受过革命成功带来的好处。

革命为什么无法完成？在书序中，黄仁宇就是要告诉我们，这是他心中的根本大问题，他之所以研究历史，是为了认真追求这个大问题的答案。

很多人困惑于这个问题，不过一般的答案都局限于个人有限的生命时间尺度，找出了袁世凯很可恶、军阀恶搞割据、蒋介石不抗日、汪精卫卖国等原因。但黄仁宇察觉到革命的来龙去脉，和我们个人的生命不是同样的时间尺度，用个人的时间尺度，倾向从现实里去找答案，可是如果要用不同的尺度，那就必须往历史中去探找。

向后推，很容易就看到鸦片战争，看到西方帝国主义对中国的影响。黄仁宇在美国也和费正清上过课，很熟悉当时最流行的"西方冲击，中国反应"观点。1840年之后，中国历史最主要的现象是西方势力带来了一波波前所未有的挑战，刺激中国不得不摸索做出各种反应，革命是其中一种反应。于是革命的失败也和之前的其他反应，例如自强运动、变法维新一样，都是这套传统无法应对西方挑战的结果。

不过显然黄仁宇的疑问无法停止于这样的解答上。他认真再往前追溯：那为什么在西方冲击来到中国时，中国无法成功地响应，因而酿造了黄仁宇他们这一代人必须亲身忍受的种种痛苦？

其中一项具体的痛苦，是和日本人打仗。黄仁宇是一个曾经冷静地和日本人打过仗的中国人。他那一代有过战争经验的中国人，其中一种终生仇恨日本，激动得不想再和日本有任何关系；另外一种则虽然也终生仇恨日本，却念兹在兹思考日本，在他们脑中不断盘桓一个疑问：为什么同样遭受西方来的狂风暴雨般冲击，日本的回应远比中国好得多，成功得多，以至于最后甚至以中国作为他们成功响应西方强大升起后的踏脚石？

显然黄仁宇属于后面这种人。比较中国和日本，他更明确要问：为什么中国颠颠踬踬走了很久走不出来的这条革命长隧道，日本却走出来了？《万历十五年》中文版序中他说：

> 我们小时候读书，总以为日本在明治维新之后，在短时间把一切弄得头头是道。殊不知日本在德川幕府末期……其社会已在逐步商业化。况且明治维新进步过猛，其内部不健全的地方仍然要经过炮火的洗礼，于世界第二次大战后，忍痛改造。

这么简单的一段话，表达了黄仁宇的态度。经过和日本历史的比对，他认识到中国革命失败的原因，必须更进一步往上追溯，去看西方冲击来到之前的中国社会，看是什么样的因素，使得中国无法有效地应对西方的冲击，而在西方冲击中一蹶不振。

他不断认真地往前找，最终找到的答案是：如果我们能够好好地看清楚并解释 1587 年，16 世纪末的中国，就不会意外后来中国会如此难以适应新挑战，会迟迟无法推动新改革。

03

集中在一个特定尺度上的"大历史"

黄仁宇提出"大历史"的观念，和"小历史"对照，用他自己的话来说，重点在于"作者及读者不斤斤计较书中人物短时片面的贤愚得失"。这话有两方面的意思。

一方面是告诉我们，《万历十五年》书中讲到明神宗、申时行、戚继光、李贽、张居正，不是为了要从当时的情况去讨论他们谁是好人、谁是坏人，谁这里做对了、谁那里做错了。而是从一个更长远的"大历史"角度去看，他们代表了什么。另一方面，他也要摆脱从现实、狭窄的角度来看现代史，来解释中国革命的成败得失。

这篇序文写成于1985年，离黄仁宇去世只有十几年时间。在那十几年中，他反复不断以各种方式，运用各种史料来讨论"大历史"。他从西方近代历史变化角度写了《资本主义与二十一世纪》，从中国通史角度写了《赫逊河畔谈中国历史》。

黄仁宇提出的"大历史"观念，和法国"年鉴学派"的主张看起来有相似之处，但根本上不一样。"年鉴学派"建构的历史比较接近完全历史：历史有各种不同的变化速度，要用不同的时间尺度来衡量、来看待，依照时间尺度来观察、记录各种不同节奏快慢的变化。将这些不同节奏快慢的变化放在一起，才能够将历史的许多环节解释清楚。

例如说地理，看起来完全不动的因素，却必然影响甚至决定一个国家的军事发展策略与条件优劣。"年鉴学派"也强调不能忽视变化较慢的部分，但相较之下，黄仁宇更重视一种人际互动模式所构成的社会结构，对于比这个变化更慢的地理、农业、城乡动线等等，他就没有那么在意。也就是他的"大历史"集中在一个特定的尺度上，和"年鉴学派"整合各种尺度的野心仍然区别明显。

黄仁宇是抱持着现代中国"革命史观"问题意识去研究明朝历史的。他不是要看明朝本身发生的事，而是要探讨明朝所形成的社会结构。了解他的这份根本、深厚用心，我们更能体会到黄仁宇了不起的历史写作技巧。

一般的历史研究者、讲述者，当要说明中国社会结构时，一定会动用一套结构性的语言。"皇权""相权""儒生""官僚体制""商人阶层"……用这种抽象、集体性的语汇来描述、解释社会结构。谈结构，就像盖房子一样，将房子先分出地基、梁、柱、墙、屋顶等等，才能讨论这些部分的彼此关系如何形成。

黄仁宇的思考方式却是：所谓结构，就是潜藏在表面变化之下，却比表面变化更根本更重要，甚至决定、左右了表面变化的各种因素、各种力量。那么换相反方向看，真正有决定性作用的结构，就应该和表面的变化有着清楚的联结。也就是如果结构是基本，而且真的那么基本的话，那么摘取表面的现象，即便是微小的现象，都应该能够联系到底下的结构因素。如果表面现象联系不到底层结构，那岂不就表示那结构不够根本，不是真正根本吗？

于是他有了一个大胆的想法：在历史上挑出一年，整理这一年中发生的各种现象，然后用这些现象回推去认识、去展现那段历史的结构性决定因素。这是高度原创的论理形式，而黄仁宇还用同样具备高度原创性的叙事文字来表现论理上的创意。

04

1587年——无关紧要、没有大事发生的一年？

《万历十五年》先以英文写成，在美国由耶鲁大学出版，书名是 *1587: A Year of No Significance*。由大学出版社印行，表明了这本书的学术性质，出版之后，前八年这本书都没有印平装本。这在学术书领域中很常见，因为针对的是图书馆或专业读者，想读、要买的人不会为了售价而改变心意，出版社当然不需要以平装低价来扩充销量，维持精装高价可以有较高的收入。

一本关于中国的书，而且既非通论性质，也非关系时事现实议题，是讲绝大部分美国人都没听过的明朝，可想而知就算出较为低价的平装版，也不会吸引多少读者。

然而黄仁宇这本书创下了耶鲁大学出版部精装本学术书的畅销纪录，卖出了十几万本，成绩比很多平装本图书都要好。这是一个奇特的现象，值得注意、需要解释。为什么那么畅销？而明明畅销了，为什么出版社却不出平装本？

因为出版社准确判断出会买这本书的人，不仅仅是因为对中国历史有研究、有兴趣，他们基本上因为口碑推荐而来，主要是对于书名中显示的历史研究法、历史写法感到新鲜好奇。也就是说这是一群有相当人文知识专业训练的读者，他们很清楚自己要从这本书中读到什么、得到什么，也就有很强烈的动机愿意多付一点钱买精装本。

书名中最诱人的是"A Year of No Significance"，这在中文版中不见了。无关紧要的一年，没有大事发生的一年。一本历史书，选择只讲一年的历史，已经不寻常了，更奇怪的是，竟然还刻意选了一个不重要的年份。

这明显违背了历史学的常识，甚至违背了更普遍的记录原则。小时候老师教你开始写日记，一定告诫你：不要写洗脸刷牙、吃饭睡觉。那是日常，那是平常，日记要写今天和别天不一样、特别发生了的事，或特别的感想。

历史记录也就是从这样的原则扩大而来，有事则长、无事则短，记录之先一定要判断重要不重要。但黄仁宇写的历史书却是摆明选了不重要的一年来写。这是很巧妙、很有效的策略，立刻吸引了这类书籍读者的注意，而且也理所当然为读这本书的人提供了对其他人介绍以及和别人讨论本书的重点。

这本书的内容并不是真的只限于 1587 这一年，但如此定书名表现出很不一样的历史态度与历史学方法。选无关紧要的一年，意味着不被表面的"大事件"所眩惑，我们得以看到一个时代、一个社会的结构组成。

"大事件"之所以是眩惑，因为其中牵涉到许多偶然因素，描述"大事件"要花很多工夫、篇幅在这些偶然因素上，更因为偶然的介入，很难对"大事件"给出完整的解释。从叙述到解释，一定会有"恰好""不巧""没想到""偏偏是"这一类的字词标示了解释之困穷。

没有大事，才能从表面的正常、平静中，看出一个时代的政治、社会、经济运作规则。这样的时刻，不会真的什么事都没发生，于是还可以换一个角度看到，一些从"小历史"角度不被重视的事，如果换了"大历史"眼光之后，其实影响甚大。如此又将"No Significance"——无关紧要，变成了吊诡、不确定的形容，是从什么样的历史研究与理解角度判断为无关紧要的呢？

05

不看人物的短时片面，看更根本的结构

1588 年 1 月，但以农历计算还在前一年的十二月，一代名将戚继光去世了。依照黄仁宇的评断，戚继光最重要的历史地位，建立在为明朝打造了一种特殊的军事组织，之前没有出现过，之后也无法再造。

黄仁宇在书中解释得很清楚，那是因为戚继光的军队，不是中国传统社会结构所能承担的。戚继光去世时，没有人能看见，那是一个时代的结束，而且是中国唯一的一次军事改革实验到此落幕了。也是要到后来，有了宽广的历史眼光，才会看出来历史的巧合竟然衔接得那么紧密。同一时期在欧洲发生的最重要的事，是英国海军击败了西班牙的无敌舰队，将世界历史带进了新的海权时代，而中国刚刚错失了可能参与的关键条件。

又例如在 1587 年当时看起来的一件小事，一件 No Significance（无关紧要）的事，在东北边境的建州卫有一个部落的领袖逞其武勇，攻打周围的邻人，消息传到朝廷，大臣分成两派争议到底该剿还是该抚。一度要剿的主张占了上风，但派去的军队却被打败了，于是转而变成要抚的主张被采纳了，实质上就是恃其距离遥远，不理不管算了。

那个武勇的部落领袖，叫努尔哈赤，他的名字在 1587 年第一次出现在明朝的记录中。

努尔哈赤的行为，以及明朝朝臣讨论与决策到执行并转向的过程，有哪些是偶然的？又有哪些反映了结构性、近乎必然的现象或问题？回头看历史，从后见之明，我们常常扼腕，当时怎么会如此轻忽，怎么会就这样放过了可以节制、压抑后金崛起的大好机会呢？

千金难买早知道，而我们却总爱用"早知道"来看待及评论历史，这就是黄仁宇所说的"斤斤计较书中人物短时片面的贤愚得失"的态度。

黄仁宇在书中试图让我们看到，这不是少数几个人的错误判断，而是：首先，当时明朝的军事组织与军事运作，没有条件可以出关打努尔哈赤。其次，要建立足够的军事力量出关压制努尔哈赤，明朝需要完成如同戚继光所从事的改革，但戚继光的遭遇却已经证明了这样的改革无法彻底，也不可能复制。派戚继光去打努尔哈赤也不可能胜利。

那不是戚继光的能力问题，不是这些大臣的判断是否正确，而是由更根本也更庞大难以改变的结构所决定的。

什么是结构？例如说国家财政是结构的重要一环，黄仁宇撰写《万历十五年》之前，他所出版的著作，从他的博士论文扩充改写的，就是探讨16世纪中国的财政状况。书中清楚列出了那套制度的错杂夹缠问题。

现代国家的财政基础，都是总入总出的原则。国家的各种收入，每个人每个公司所缴的各种税，都进入国库，然后由国库去支付所需的各种公共花费。如此才能有预算与结算，预算和结算都必定是分成"收入"总项和"支出"总项的，也才能算出收支是否平衡，盈余多少或短绌多少。

明朝的财政不是这样总体安排的。军费归地方政府负担，而由中央朝廷负责规划。如果在蓟州有两万士兵，朝廷命令河北、山东负责张罗他们的所需。但如果这时河北、山东遇到干旱，他们需要救济，他们也向朝廷要钱。意思是各个不同项目分别处理，没有统收统支，也就无法在各项目间合理、有效地调节。不断有新的项目产生，每一个项目都产生新的行政程序，到后来必定是无论中央或地方都算不清自己的财务状况，等于是大家都只能见树而没有人能够见林，不只是没有人能掌握国家的总体财政状况，就连地方单位的账也都是一团混乱。

原本河北、山东用兵筹了军费，如果战事转到山西，山西苦哈哈筹不出军费，这时却无法将河北、山东省下来的军费拨给山西使用，于是就只能眼睁睁看着因为山西军费短缺，而使得转往山西的战斗由胜而败，然后再来追究山西战败的人事责任。当时的政治体系用这种方式追究责任，后世读历史的人很容易跟着如此"斤斤计较书中人物短时片面的贤愚得失"，这就是黄仁宇试图要避免的一种态度。

06

万历皇帝：蓄意"罢工"、不运作的皇帝

黄仁宇要描述的，是明朝体系如何运作，或更重要的，如何不运作、无法运作。看这套结构如何将中国绑死了，以至于有新的变动，环境中产生了新的挑战，中国不是不想变不想转，却就转不过来。

黄仁宇将系统运作问题追溯到明神宗时，找到了特别容易呈现这样的结构之所以形成的环境与样貌。

快速看一下明朝皇帝的世系表，就会发现有两个时间最长的年号，第一名是"万历"，第二名是"嘉靖"。这两代皇帝，一孙一祖，在位时间加起来将近100年。中国历史上另外还有一对祖孙皇帝，在位时间加起来比他们两个还长，那是清朝的康熙皇帝和乾隆皇帝，两人各自在位60年。

然而这两组祖孙在历史上的评价却天差地别。相较于清朝那一组，明朝这组最差最糟的，在于懒惰。而且不要说和以"勤政"闻名的康熙皇帝比，整个清朝也找不出一个和万历、嘉靖同等懒惰的皇帝。

　　嘉靖和万历两位皇帝中，嘉靖还算好一点，他是到了在位的最后二十多年，几乎完全放弃朝政，专心在宫中追求长生不老。这还算可以理解，到了那样的岁数，对于皇帝权位有依恋，想要抗拒死亡，那就先保障自己不会死，其他事务慢慢来处理就好了。

　　更奇怪的是孙子万历皇帝，他是在还很年轻的时候，就开始不上朝不见朝臣了，开始了他不负责任、极其懒惰的生活。换言之，在这里有了一个"不运作"的皇帝。"不运作"的皇帝一定是坏皇帝，但倒过来坏皇帝却不会都是"不运作"的。明朝的另一个皇帝，武宗正德皇帝，也是历史上有名的坏皇帝，但他和万历皇帝却很不一样。

　　正德皇帝的坏法，我们也比较能理解。他有着强烈的欲望，无法忍受当皇帝带来的种种拘束。他只要皇帝权位带来的欲望满足与享受，不愿承担皇帝职位相关的仪式责任。他不想遵守种种宫中礼仪，所以建了特权"豹房"，自己在里面胡天胡地。他不愿被关在皇城里，受到外面城市的繁华吸引，所以不时微服变装，跑到外面去玩。他对战争的壮观现象有兴趣，所以就封自己当大将军，带领军队出去过瘾。

　　这是任性非为的坏皇帝。然而万历皇帝完全不是这样。从《实录》中可以明明白白看得出来，万历皇帝有超过 30 年时间，没有离开过皇城。他不处理政事，但他也没有像正德皇帝那样放荡荒淫。如何解释他这种"不运作"呢?

仔细爬梳史料，将 30 年不早朝和 30 年不离皇城并纳在一起考虑，黄仁宇得到了一个突破性却又可信的结论，万历不是懒惰皇帝，而是个蓄意"罢工"的皇帝。

07

皇帝与文官系统之间的结构性僵局

　　皇帝罢工？万历皇帝不是因为懒惰而逃避他的工作与责任，而是和任何一个工人罢工一样，这也不是他高兴、喜欢做的，而是有强烈的理由，必须用这种方式来表达无法用其他方式表达的抗议。

　　一个工人会因为工时太长、薪水太低或工作环境太差，得不到雇主的注意、改善而诉诸罢工的手段。从这个角度看，皇帝怎么会罢工？皇帝不是雇员，他自己是最大的老板，不需要听命于任何人，而且他要什么会得不到？他有那么大的权力，他的命令随时都有人遵守照做，说皇帝要罢工，太荒唐了吧？

　　这也是只有从"大历史"的视角，彻底明了明朝的政治结构，才能看得出来，也才能提出来的解释。皇帝罢工的对象不是任何个人，而是朝廷的文官系统，以及文官系统所坚持、卫护的礼法规矩。

皇帝和文官系统之间，不是简单的上下关系而已。在明朝，君臣之间形成了一种双输局面，到了万历朝发展到极端。皇帝凌驾于文官之上，有很高的权力，然而这种权力从朱元璋开始，就倾向于从负面来行使。皇帝不尊重文官，在朝廷礼仪上贬抑文官，而且皇帝习惯以各种形式侮辱文官，可以任意詈骂，还可以当廷打屁股，更可以随时降职流放。

所以皇帝可以轻易换掉任何一个首辅，但他却没那么容易换上自己选的、自己想要的首辅。宋朝那样文人和皇帝共治天下的合作关系，到了明朝改变为君臣之间一种带有高度权力紧张的互动。皇帝愈是霸凌文官，也就愈是刺激出文官在面对皇帝时的一种集体团结意识。

明朝有一种特别的制度，叫"奏本"。文官上呈给皇帝的文书，分"陈"和"奏"两种。刑部尚书向皇帝报告和刑部有关的业务，那是"陈"；但如果文书内容和刑部无关，就变成"奏"。

明朝文官在和皇帝的集体权力拉扯上，表面上看来节节败退，唯一力守争取到的，就是"上奏"的权利。这本来是皇帝权力运用的一环，让文官之间彼此监视、互相打小报告，如此分而治之。但实际运作之后，文官的集体意识逐渐将对皇帝的批评纳入"上奏"的内容，甚至专注在对皇帝的批评。

在皇帝来不及做进一步调整前，群臣上奏已经变成了他们试图影响皇帝，甚至单纯骚扰、牵制皇帝的方式，变成了惯例上皇帝下放给人臣的一项特权。人臣当然会紧抓不放，并且经常使用。

而在明朝的官僚体制上，又没有了宰相，由皇帝直接领导百官。如此就失去了由宰相来总管总承，也就是总负责的缓冲。群臣直接受皇帝领导、管辖，他们表达意见的对象，当然也是皇帝。

皇帝和宰相最大的差别是：第一，皇帝不会是从他所要管理的这个体系里出来的人；第二，皇帝拥有绝对的权力，他不需要遵守制度，他自己就是制度，而且他不需要也不可能为政策成败负责。

宰相处理政事要依循规范，这套规范必须向皇帝报告，然而皇帝来指使官僚系统时却不需要尊重任何规范，他高于规范，或说他自己就是规范。皇帝既没有经过资格考核，更不能被撤换，系统在最高层次就卡住了，无从选择也无法流动。

明朝文官系统中，最高的官职是首辅，即内阁大学士中的首席。到万历朝，又建立起了惯例，皇帝选择的首辅是他当太子时的老师。这个老师通常学问不错，而且能够和皇帝相处，然而问题在，他也通常不会有丰富的执政经验，大部分时间都在官中教太子，对于文官系统的人与事就不会那么熟悉。

当首辅的，没有执政的资历，他能做的，于是真的就只能辅佐皇帝，文官的领袖，仍然是皇帝自己。宋朝建立的君主与文官共治天下的精神又被破坏了，换成皇帝高高在上单独指挥，取消了文官的独立地位，予以补偿的，是给了他们"上奏"的权利，可以有私下报告批评皇帝的机会，这是明朝政治上的结构。

08

明朝皇帝与宦官共治天下

　　黄仁宇铺陈叙述了在万历朝所形成的结构性僵局。皇帝指挥文官系统，有很大的权力可以对其调度、整顿，甚至整肃。可是文官系统要能运作，还是得有一套程序规矩。文官对抗皇帝，在集体团结意识中，便愈是抬高了这套程序规矩的重要性。如果皇帝的命令、做法与他们心目中的程序规矩不符，他们便纷纷写"奏本"，对皇帝提出强烈的批评意见。

　　当皇帝和文官的关系愈紧张，文官便愈是注重程序规矩，将程序规矩的重要性无限上纲，用来反对、批评皇帝。文官都将精神花在"上奏"，也就是写和自身业务没有直接关系的意见上，这种情况下，文官系统自动进入一种实质瘫痪的状态，会带来很多麻烦、困扰。文官系统用这种方式来制约皇帝，改变和皇帝之间权力高度不对等的状况。

到后来，皇帝也累积经验学到了教训。皇帝知道自己站到第一线上承担领导统治的责任，绝对不是好事。但朱元璋斩钉截铁立下定则绝对不许再立宰相，这使得恢复让文官自身有执政者来担负成败变得不可能。于是到后来皇帝转而任用和自己最亲近的宦官，支使他比较有把握叫得动的宦官去间接指挥文官。如果有什么问题，文官上奏批评的对象，不会是皇帝，而是宦官，如此缓和了皇帝和文官之间的紧张关系。

明朝实际上的政治运作，是皇帝指挥宦官，宦官监视、指挥文官。于是中国传统上一直存在的宦官现象、宦官问题在明朝转型、升级了。不再是宦官围绕着皇帝，以皇帝之名滥用权力的问题，而是结构性、制度性皇帝在统治上对于宦官的依赖。

稍微夸张些说，对比宋代文官与皇帝共治天下的情况，那么明代则是宦官与皇帝共治天下，因为文官与皇帝之间存在着不可跨越的鸿沟，彼此不信任。

皇帝通过宦官来治理国家，于是文官体系要能发挥作用，不可能绕过宦官。《万历十五年》书中，开头就讲张居正的故事。张居正何以得到权力？万历皇帝10岁登基，年纪这么小，当然不可能亲政，依照传统惯例，应该是由宰相辅政。不过明朝没有宰相，那么第二种可能的做法，是由皇族中的重要人物来辅政。不过朱元璋开国时就立下了规矩，为了避免皇族干政，他定下了"诸王就国"的严格制度。皇帝的亲戚，依照亲属关系可能会有影响力的男性成员，到了一定年纪，就必须离开京城。就连外戚也一样，会给你头衔，给你封地，但条件就是你不能留在皇帝身边，要去别的地方享受你的地位和财富。所以京城里是空的，不会有重要的皇亲国戚。

防止了皇亲国戚干政，然而遇到皇帝年纪很小的情况，也就没有固定可以依赖的势力。没有皇亲国戚，也没有顾命大臣，那么还能靠谁？靠太子的老师。张居正就是太子的老师，他是文官中和新即位小皇帝关系最密切的一个人。不过，和皇帝最亲近的，除了张居正，另外有冯保。

冯保的职位是司礼监掌印太监，也就是宦官首领。历史上最有名的司礼监掌印太监是刘瑾，拥有超大的权力，皇帝命令太监主持司礼监，组织东厂、西厂、锦衣卫等特务组织，摆明了是威吓文官，确保遂行皇帝意志。张居正和冯保两人密切合作，结成一个宦官与文官的联合派系，取得了代替皇帝行使权力的稳固地位。

09

文官系统的"结果主义"倾向和道德修辞评判

靠着和冯保的联结，张居正取得了明朝所有首辅中最高的权力。在张居正之前明朝的几个首辅，包括翟銮、夏言、严嵩、徐阶、李春芳、高拱等人，先不论能力，专看能拥有的权力，唯一勉强得以和张居正相比的，只有严嵩。而严嵩和张居正取得权力的形式基本相同，严嵩也是依靠和宦官密切合作，才得以实质运用大权。

万历皇帝登基时，原来的首辅是高拱，10 岁的皇帝不会支配人事，是冯保做主，所以将高拱换下来，把张居正换上去。高拱对此事耿耿于怀，他死后刊行的《病榻遗言》中都还用了一整卷在骂张居正和冯保。

关键的重点不在严嵩是坏人、张居正是好人，而在于他们两人都必须受到这个结构的限制，必须联合宦官才能有所作为。在这个结构中，要有所作为还真不容易。文官系统到了万历年间，一共包括了两万多名官员，有不同的职务，分布在广大的不同地区，他们之间最主要的共通之处都是通过科举进入这个系统，而且每个人都希望能得到升迁。科举有一套固定的标准，于是这个系统内的人很自然会期待升迁也有同样的一套标准来管理。

但谈何容易！如此庞大的体系，从地理到职务的差异性那么高，要如何订定标准？从结构上看，这个体系逐渐发展出两种方法来应对这个问题。第一种是采取简单的"结果主义"。在进行考核时，完全按照客观结果来评定好坏。这个人当知县，县里遇到丰年，人民过得好，那他就是好官。相对地，那个人当知县，遇到盗匪抢夺，人民流离困苦，那他就是坏官。

只管结果，不论过程。不问这个官在丰年时到底做了什么，也不问他是不是在这段时期搜刮了一大笔私人财富；也不问那个官遇到的盗匪怎么来、哪里来的，是不是因为县内收成好，隔壁县饥荒所以过来劫掠。

第二种方法是用表面上的仪节和道德名目来管理。根本上源自无法确实监督视察行政的细节，于是套用科举的精神，将种类上的差异（difference in kind）改造为、视之为程度上的差异（difference in degree）。抹杀所有的差异，建立一种普遍的行为标准。

皇帝自己管理文官，当然没有那种能力、时间与心思做细部管理，要让文官自身产生一套普遍标准作为依循，那么很自然地，他们过去在准备科举时念过、背过的那些道德修辞就成了首要选择。

这两种方法加在一起，效果就很可怕了。一个遇到了盗匪侵袭的县官，从"结果主义"看，他必然成为一个坏官，再加上道德修辞的评判，那就不只是坏官，还必然成了一个坏人。

在这个系统里，很明显地出现了道德修辞严重过剩的扭曲状况。上上下下大家关切的，首先是有没有"失仪"，"失仪"最糟糕，因为从表面上就可以清清楚楚看到，不需要什么调查了解。相反地，没有人在意程序、过程，也没有人要费力气考究如何做事，因为程序、过程是看不到的，也不被纳入考评，如何造成可见的结果才是重点。

文官体系中的日常工作，最主要是维持表面，同时运用道德语言去攻击别人来抬高自己。通过许多细节，黄仁宇让我们看到这个系统中一个个环节彼此扣搭，造成了彼此都瘫痪的后果。日常实况中，系统内的人在意计较的不是谁做到了什么，完成了什么，而是监视谁在道德上有什么缺失。

年少就即位的万历皇帝在这样的政治环境中成长，原本由张居正和冯保替他承担了和这套系统互动的工作，然而接连发生了几件大事，使得皇帝和文官系统直接冲撞，导致了难以收拾的后果。

10

"夺情案"显现出万历皇帝对张居正的依赖

第一件事发生在 1577 年，皇帝 15 岁时的"夺情案"。至少从 10 岁登基以来，张居正和冯保就是他身边最亲近的人，他的日常起居、生活仪节，都是他们把着手带领着的。

万历年方 10 岁，就能写径尺以上的大字。有一次，他让张居正和其他大学士观看他秉笔挥毫，写完以后就赏赐给了这些大臣。张居正谢恩领受，第二天却启奏皇帝：字不必练那么多写那么好，因为不小心会太沉迷而荒忽了更重要的事。可见，张居正对于皇帝用这种方式管，可以管到这种程度。

皇帝 15 岁时，张居正的父亲过世了，依照礼仪，应该要回乡奔丧并守丧 3 年。这"3 年"实际上不是 36 个月，而是 27 个月，制度性地减了几个月，基本上做到超过两年，从这种规定就可以看得出来，要一个官员突然中断仕途，放下一切工作停摆3年，大家都会觉得很困扰，但传统礼仪不能违背，只能默契地打点折扣。

这时遇到父丧，对张居正来说很不方便，4年来他发动的许多改革，在此时可能因为他离京而停顿。但对皇帝来说，那就不只不方便了，而是刺激出近乎恐慌的反应。于私于公，皇帝都很依赖张居正，绝对不希望他离开，所以才有了"夺情"的做法。

所谓"夺情"意思是"强夺人情之常"，"人情之常"是父亲死了，儿子悲痛必须长期守丧，然而皇帝却下令，朝廷有特殊考虑，有特别需要，不让他符合仪节去尽人子之情。

万历皇帝下了诏令，要求张居正"墨绖从公"，戴孝回京师继续办公。此一"夺情令"一下，朝廷哗然，一部分人认定这根本不是皇帝的意思，是张居正自己贪恋职位而去怂恿皇帝下令，甚至可能根本是张居正代皇帝下诏的。那可就是贪权忘孝，是再严重不过的道德问题。

于是一时之间，大批攻击张居正的"上奏"送到皇帝那里，皇帝不得已，又下了一次诏书，表明"夺情"的决定不是张居正奸诡策划的，真的是皇帝强其所难硬要留他。最后，张居正离京3个月处理父丧。骚动余波荡漾了很久，等一切平息能够回朝工作没多久，张居正就去世了。这件事在皇帝心中显然留下了深刻的伤痕。

11

"立储案"和文官对皇帝伦常仪礼的报复性制约

接着又有"立储案"。万历皇帝的大儿子叫朱常洛，是恭妃王氏所生，到了一定年纪应该要入学了，这时大臣就建议皇帝应该要"立储"，将常洛立为太子，这样他就理所当然接受严格、完整的太子教育，为将来当皇帝做准备。但万历皇帝心中不愿意，因为他更中意郑贵妃所生的朱常洵，希望将常洵而不是常洛立为太子。

常洵实际上是"子因母贵"，在后宫所有女人中，万历皇帝特别爱郑贵妃，几乎到了痴迷的地步，所以无法想象、无法接受将郑贵妃以外的女人所生的儿子立为尊贵的太子。

不过到这时候，皇帝已经明白，要跳过常洛将常洵立为太子，在仪节上很难过得了关，一定会引来朝臣激烈的反应。所以他先发制人，表明立太子是皇帝的权力，群臣不得僭越，不能你们来告诉我该立太子，我就乖乖照你们说的立太子，那岂不变成了是你们在立太子，而不是皇帝在立太子了？

这态度其实是一套矛盾，卡住了朝臣。皇帝的意思是：我知道该立太子，我也没有不立太子，但正因为你们这样叫嚷建议立太子，我反而不能立太子了。如果你们叫了我就立太子，那不就等于是我听你们的，是你们在命令指使我吗？

那怎么办？看来只好大家都先住嘴，别再提立太子的事，都没有人啰唆了，让皇帝自己决定，自己主动来立太子。

好吧，这在君臣上下仪节上有道理，朝臣乖乖安静下来，依照皇帝的条件，一年内不要有人针对立太子之事上奏。一年之期快到时，礼部"上陈"了，在他们的主管范围内理应要知道和立太子相关的时间、细节，以便事先准备。皇帝却大怒，表示此举违背了之前的禁令：不是说好一年内不能拿这件事来吵我的吗？你们违背前令，所以我就不立太子了！

皇帝这样很无赖啊，表面对礼部的做法表示愤怒，但心底他应该对于礼部提供了这样的口实觉得很高兴吧。他得以避过了立常洛为太子这样一件让他为难的事，尤其是保住了还可以立常洵为太子，让郑贵妃荣光的机会。

从史料上推断，万历皇帝是少见的专情皇帝，和正德皇帝的纵情纵欲形成了强烈对比。包括他后来30年不出皇城，除了因为他对外面城市的声色现象没有兴趣，也和对郑贵妃的感情有着密切关系。

另外，他的个性中有一种和皇帝权位很不搭调的悲壮特质，宁可玉碎不为瓦全，不肯变通，以至于形成了自我折磨、自我虐待的情势。

他不愿立常洛为太子，那还有一种办法是将郑贵妃升为皇后，那么常洵就变成了嫡长子，也就理所当然可以成为太子。这样做会很难吗？其实并不难，因为皇后并未生子，有理由也有前例，可以因此而废后。要不然也可以将郑贵妃升等、王恭妃降等，那么两个儿子的地位随而一升一降，不也就能让常洵凌驾于常洛之上了吗？

但皇帝都不采取这些作为，正因为皇后未生子，给了他充分理由拖着，以如果皇后生了儿子就没有这些问题为借口，迟迟不处理立太子的问题。

黄仁宇的《万历十五年》中一章标题很怪，叫"活着的诅咒"，里面描述了万历皇帝年纪轻轻就开始建定陵，即他死后要居住的陵寝。而且他还积极参与定陵的规划、兴建。到定陵盖得差不多了，他去看，里面摆了三个棺位，一个是给皇帝的，另一个给皇后，第三个，依照礼仪规定，是给太子的生母的。

万历皇帝一看，更受刺激，如果常洵当不了太子，那么郑贵妃就进不了那第三口棺材里。为此他和大臣们反复折冲，暴显了皇权与文官系统的冲突。

宋朝的文官有很大的集体力量，遇到大事，例如和辽国的征战，宰相寇准可以做主逼真宗皇帝御驾亲征，还可以硬要皇帝到前线。皇权可以处置任何个别的文官，但对于文官文人集体，皇权必须一定程度让步。明朝的文官相较之下在很多地方都变弱了，一般政务上失去了自主性，由皇帝领导决策。但在一个领域上，文官文人保留了独占的权力，那就是管仪节。

别的方面管不了皇帝，偏偏在仪节上格外重视。仪节规定，皇帝每三天就要进行一次"经筵"，即一整个上午讲经论史的课。经筵的重点不是真的要皇帝读书，而是要有这么一段时间，让皇帝守规矩，被老师管在那里，看他的行仪态度是否有不当之处。这段时间里，如果皇帝有什么不当举措，老师就开始长篇大论劝诫，当然会劝的、能劝的，也就是一些老生常谈的内容。关键在于这是文官对皇权最大的制约，愈是在其他方面制约不了皇帝，愈是对伦常仪节方面补偿性地重视。

过去中国传统政治，分宫中、朝中，区别皇帝私人身份和公共事务两种领域，并由不同的人来打理。宫中照顾皇帝私生活的人，经常靠着和皇帝的亲近关系，逐渐将权力伸到朝中来。但明代却是双向逆反，宫中的宦官取得了干预朝中的普遍权力，相对地朝中大臣报复性管到宫中皇帝私生活，要求皇帝言行必须符合伦常仪节。

12

道德过剩，挤压实质的行政效能

先有"夺情案"，后有"立嫡案"，中间在 1582 年，张居正去世了。张居正一死，马上引发的连锁反应是冯保被参奏，抓出了他很多缺失。没有张居正罩住外朝，文官系统群起攻击冯保，终于使冯保倒台了。没有了冯保罩住内朝，倒过来，外朝仅存的张居正势力也不得不瓦解。

皇帝得知冯保的诸多滥权作为，对相关的事情进行了整肃责罚，张居正死后两年，还下诏令籍没张家，没收家产。张居正确实很奢侈，在京师盖的房子远远逾制，而且各地要巴结他的文武官，就想了一种方法，在各地复制完全一模一样的房子送他。

所以张居正要去任何地方，他坐的是 32 个人抬的豪华大轿，8匹马拉的豪华大车，到了目的地，住进预备好的房子，里面一切都和京师家中一样，如此高的待遇、如此奢侈的享受！

在张居正死后，发现他在宫外过的是这种生活，这给了万历皇帝很大的打击，他完全没有想到，无法想象，在他面前教他那么多大道理的老师，竟然有另外的这一面。

他看穿也受够了文官系统的虚伪。永远那么重视仪节，管皇帝、管别人的时候，任何一点细节都不放过，任何一点错误都用最强烈的语言抨击纠正。皇帝想依照私情偏爱将常洵立为太子，立刻被朝臣归入违背人伦礼仪的暴君，还说会带来倾覆王朝的可怕后果。

他受不了这样的朝廷，他没有那样的意志力去对抗文官，更遑论改变这样的关系，于是逐渐地他采取了彻底被动的方式，拒绝接受他们的任何批评，不给他们任何可以攻击他的机会，尽量减少互动，也就形成了实质上对文官系统的罢工状态。

黄仁宇尖锐地点出了明朝政治上最大的问题，那就是道德过剩，排挤挤压了实质的行政效能。在这样的政治体系中，无法简单地"就事论事"。而既然连"就事论事"都做不到，任何讨论一定牵扯到道德评价或指控，那么在政事的执行上，不可能有一套精确的制度与衡量标准。

尤其是不会有最清楚最可靠的标准——数字。因为从研究财政出发，黄仁宇格外重视数字。

《万历十五年》书中第一章说了一件有趣的小事。万历十五年（1587年）阳历三月二日，北京城冰雪尚未解冻，突然间城内大骚动，有传言说皇帝要举行午朝大典，所有官员都应该到。于是大家连忙或乘轿或步行前往皇城，午时皇城外聚集了好多人，但大明门前守卫的禁卫军却没有任何动静，城楼上下也看不到任何皇帝上朝的准备。

谣言一场！万历皇帝当时都很久没上早朝了，怎么会要上午朝呢？几千官员听信谣言，管文书通知与仪节管理的官员被指责了，但接下来怎么查都查不出谣言的起源。对这样荒唐的官员集体出糗，皇帝下令当时在京的官员每人都罚俸两个月。

这件事有一个面向，可以看到当时的风气如何重视仪节，官员绝对不能错过上朝，所以才会有几千人相信一个向壁虚构、没有任何权威来源的谣言。另一个面向，所有官员都少了两个月薪俸，皇帝的处罚很重啊！不，其实一点都不重，两个月的薪俸对他们来说不是什么了不起的收入。

他们绝大部分的人，甚至可以说所有的人，都不是靠薪俸过活的。

13

正面的规定都失灵，只剩负面规定在起作用

这里才凸显了海瑞的独特之处。《万历十五年》用一整章讲海瑞，讲到了从史料看，明朝官员之中，几乎只有他一个人穷乎乎地只靠薪俸过日子，没有其他收入，以至于去世时，所有财产只剩白银十余两，不够买棺材办丧事。

海瑞是个怪胎，坚持要名实相符，所以他在明朝的环境中，会惹来很多麻烦。朱元璋特别告诫官员"尔俸尔禄，民脂民膏"，然而到这个时候明朝京官的俸禄只占他们收入的一小部分。

他们其他收入有"常例"，也就是任何一笔公家费用经过了他的衙门单位，就会有一定的比例被扣下来。和国家租税有关的，不管是物资或钱，都有"耗"或"火耗"。"耗"就是运送过程中的损失，会按比例，而且是愈来愈高的比例扣除，不用继续上缴。

"火耗"原先指的是碎银化零为整，熔铸过程中会有的损耗，但后来根本不管需不需要重新熔铸，就算是整锭的银两，也同样扣下"火耗"，进入官员私人的口袋里。

很明显地，"常例"多寡取决于有多少公款、公家物资会经过你的单位，于是官员之间有强烈动机彼此结交，来安排、影响这些款项、物资的流向。在这样的官场上，人际关系远比官僚规范重要得多，官僚规范中同样的一个官位，随着不同人建立的不同人际关系，可以有千百种不同做官的方式，也就有千百种高下差别的收入。

一个庞大的帝国体制，有正面的规定，即该做什么，有负面的规定，即不能做什么。然而明朝的体制到后来，最奇特也最可怕的情况是基本上正面的规定都失灵了，只剩下负面的规定在起作用。

戚继光练兵，留下了一本手册，反映了明朝军队在此之前并没有统一的范式，然而戚继光所建立的范式，在他死后无法存留下来，就是因为这套体制里的负面规定在起作用。这是很清楚很遗憾的一个例证。

黄仁宇的书源自他的生命实存困惑，要追究为什么自己身陷这样一个中国残弱、革命迟迟无法完成的时代，以至于最后还要流落到美国，在美国的学院环境中辛酸谋职。从历史上溯求取答案，他刻画了中国近世后期政治、社会的结构性危机，那就是各个部门是用一种负面的方式联结起来。不是在联结后可以一起做什么，相反地，是联结起来保证什么事、哪些事一定不会发生。

这样的负面链接结构一度因为清朝的建立而被松动，但又在康熙朝之后重新回来，而且愈来愈坚固。到了康熙朝，满洲人确立了他们以少数统治多数的基本策略——要在文化上，尤其是文人文化方面，做得比汉人更像汉人。

清朝的皇帝比明朝皇帝好得多，然而种种因素影响（在后面的两册书中会详细讨论）却使得底层的结构没能被改变。黄仁宇的"大历史"观点：在此之后到 20 世纪，不论是盛世或衰世，中国的基本结构，使得中国无法有效应对西方势力与现代挑战的因素，早在 1587 年，就已经形成并固定下来了。

第 七 讲

明代的财政及其危机

没有基本国家管理工具却仍然存在的庞大帝国

　　人类现代生活中，有许多和国家管理相关的工具，例如我们朗朗上口、经常关注的 GDP、GNP 等，都是在这一两百年内才发明出来的。其中有很多都是概念上的工具，例如必须有计算国家总体经济生产的方式，找出可以在时间中比较总体经济生产变化的办法，还有发现如何控制货币发行，运用货币发行的多寡来影响对外贸易，观察控制对外贸易的进出量差距，因应入超或出超来进行调节经济状况的方法。

　　这些逐渐都成了现今的社会常识，甚至更进一步被写入中学课本里，作为公民教育的一部分，期待所有的人对此都具备基本的认识。今天任何一个人要承担稍大范围的管理工作，一定要证明自己拥有这样的概念、知识储备。

然而从历史上看，最突出的现象是，像中国的明朝，那么大的帝国实际存在，管理这个大帝国的工作必须执行，但在负责管理大帝国的组织中，没有任何人具备这样的观念、知识储备。现在我们高度依赖，绝对不可能离开的国家管理工具，在当时都不存在，是到很晚近的时候才发现、发明或发展出来的。

例如说经济上的"凯恩斯主义"，主张在经济成长停滞时，要运用赤字预算来创造公共需求，刺激经济。这样的主张明显是违背常识的。常识的反应一定是富裕的时候慷慨花费，穷的时候节省开支，个人、家庭如此，政府也是如此。凯恩斯却说，个人、家庭可以如此，政府不可以如此。没有花费，就没有活络的经济循环，大家都将钱省下来，只会造成大家都赚不到钱的结果。所以政府要带头花钱，付利息把民间大家不敢花的钱借来，用在公共工程上，创造就业，将钱当原料与工资付出去，让钱流动，于是逆转循环，使得大家都有钱赚，大家都有钱花，从而实现经济的复苏及增长。

这是20世纪才出现的理论，并且是在遭逢了空前的经济大恐慌灾难后，才得到了试验，也才证明了其在大规模的经济运作上是对的，是有效的。今天美元实际上成为国际货币，大家都关切美元的汇率变动，世界上存在着一个货币交易汇兑市场，这种事务顶多也只能追溯到1944年的布雷顿森林体系（Bretton Woods Agreement），那是国际货币协议最重要的源头。

当我们活在这样的环境中，受惠于这些总体管理机制，很难想象，因而必须特别有意识地去想象，在历史之中，在这些机制出现之前，国家要如何运作管理。

02

早熟的帝国靠的是意识领导

在这套书中，我多次以"早熟的帝国"来描述中国的情况。为什么是"早熟"？这并不表示我相信一套固定的历史公式，认为历史发展有一定的阶段进程，必然要先从哪里走到哪里，所以认定中国没有走完每个步骤，跳开了某些步骤，就进入帝国的统治形态。

不是的。我所说的"早熟"不牵涉先入为主的历史模式，而是一种实然的描述，重点在于指出中国从公元前 221 年形成了中央集权的帝国统治形态，开始了对一个庞大范围的集中统治，然而能够用来进行如此统治的条件，相对是贫弱、欠缺的。

相对于我们从广大人类经验所累积出来的实证归纳，中国在许多相关条件都不完备的情况下，诞生并维持了这样的庞大帝国。

回头看汉武帝时接受董仲舒的建议，"罢黜百家，独尊儒术"，建立了新的国家意识形态，如此而创造了一种帝国管理工具，后来证明它极其重要、极为有效。

靠着意识领导，汉朝产生了一套早熟而完备的官僚体系。在没有方便交通系统，也没有经常、固定信息交流的条件下，靠着让每一个进入这个体系里当官的人，都有着基本上相同的价值信念，来完成他们的工作使命。于是原本因为幅员广大、交通不便、讯息交流不足等问题而会有的分裂离散，以及因而使得帝国无法维系的倾向，受到有效的扼制。

这套统辖帝国官僚体系的思想，强调将自然血缘的家庭伦理推扩出去，形成官员的行为依据。于是在早熟的帝国管理体系中，形成了严格家长制精神的统治形态。每个进入官僚体系的人，都确保已经接受了儒家的家族伦理由内而外的一贯价值信念，作为他根深蒂固的职务认知、想象基础。

官员和人民形成类似父母和子女间的关系，他要为人民的生活着想，要负责让他们有饭吃有衣穿，要替他们解决问题。官僚体系里的人都被这样的模式洗脑了，高度认同这样的模式，彻上彻下，于是才能克服现实的诸多阻碍因素，组构如此庞大的帝国管理机制。

通过了统一信念的考核进入这个体系后，官员有很大的空间去照顾自己负责的地区以及行使自己的职权，从而保留了处理差异性的余地。也因此这个体系长期以来不能制定标准程序，必须只管结果不管过程，让过程多元化，才能在其他条件不充足的情况下，有效统一管理情况各异的广大范围。

没有任何一种 SOP（标准作业程序）可以顾及各地的差异需求，如果强调 SOP，帝国可就要分裂瓦解了。所以在目标上维持了相当大的宽容，让官僚体系里的人自由心证，去照顾看管他们分配到的人民，朝廷只注重该收的税有没有收到，人民有没有吃饱，有没有衣服穿，遇到水旱灾时是否流离失所。

03

白银从来不是明朝官方的货币

不过帝国发展愈大愈久，文官系统内部的规律规则也就愈来愈复杂。明朝承袭了这套系统，增加了一些特别的变化。

一项重大变化来自朱元璋。他不像宋朝赵家皇帝那么信任文人，他的出身与他的个性都导致他对人民的高度控制欲。之前提过，虽然统治的是大帝国，朱元璋的理想却是老子式的"小国寡民"，人民彻底安静彻底被动，完全农业化，完全素朴。

他依照这样的想象来订定制度，这些制度忽略了帝国内各地的差异性。因为和现实有太大的距离，这套制度无法真正落实产生效果，甚至反而产生了和朱元璋设计用心完全相反的结果。

订定这些明显不信任文官的制度，摧毁文官的自尊、自信，同时也就破坏了历史上文官治民的心理基础。传统上，文官是抱持着一种家长的态度莅民的，和地位相称的，要有一定的自尊与自信，才能以家长的心情来想办法、执行业务。但朱元璋大幅缩减文官的行事空间，而且刻意羞辱文官，实质上打掉了文官系统的核心态度与相应的核心能力。这样的制度、这样的设计，从一开始便已经蕴含了朝廷国家的潜在危机。

动摇传统的管理基础，却又没有现代国家的统治工具来代换，那就使得明朝的政治出现了许多漏洞。在财政上，现代国家管理上首要的工具，是统一的货币，以及用货币统一计算的收支。然而朱元璋梦想"小国寡民"，在制度中设下了根深蒂固反商业、反货币的精神。

明朝前后 276 年间，一共进行过 40 次铜钱铸造。铜钱是明朝真正的官方货币，40 次的铸造一共造了 80 亿文左右，平均每次 2 亿。让我们比较一下宋朝的记录，2 亿枚铜钱，是宋朝平均 2 年内的铸造量！

以铜钱为准的话，明代的货币发行量，大幅萎缩为宋代的 1/60 左右。这样的货币规模要如何满足社会上所需要的商业活动需求？明代的商业活动没有因为货币不足而窒息停滞，倒退回纯粹农业社会，是因为白银有效补充了铜钱的不足，成为价值更高的上层货币。西方大航海时代从美洲增补了大量的白银，进入亚洲来交换瓷器、香料等物品，确保了白银的供应持续增加。不过在朝廷的制度上，维持着保守的精神，从来没有将白银定为官方的货币，因而造成了社会的紊乱。

明朝前面 100 多年，甚至是禁用白银的，后来解禁了，准许流通，再进一步，准许以白银缴纳税款。然而朝廷从来没有要负责管理白银，更没有要发行官方的白银货币。

04

没有统一的货币，没有专业的财政部门

从一个角度看，朝廷不管白银，白银得以在民间自由流通，刺激创造了繁荣的"资本主义萌芽"的现象，那是极其活跃的白银经济。然而换另一个角度看，这种情况，却给朝廷制造了许多难以解决甚至不可能解决的大问题。

在国家财政上，明朝是大倒退。从唐朝颁行"两税法"，国家财政就朝货币化、统一数字化的方向发展，到了宋朝已经有了每年以铜钱来计算的财政管理体系。然而在朱元璋的农业社会想象中，放弃了以铜钱管理国家财政的做法，倒退回谷物本位，用"石"作为国家财政的计算单位。

明代国家财政的关键数字是"2700万石"，这是朱元璋留下来的总田赋定额。明代的田赋，沿用了唐朝"两税法"的惯例，分在夏、秋两季征收。之所以分两季，主要是针对不同的作物，夏季收的是麦子，秋季收米。那么"2700万石"这个数字，看起来是统一的，但实际上却是将麦和米两种作物的重量加在一起产生的。

"2700万石"是一个重量总额，中间有一部分是麦，一部分是米，但这两种作物的价值不一样，而且价格会变动。米的价值一般高于麦，差距最大时一石米可以比一石麦贵上四成。然而在国家财政上，这两种作物被一视同仁加总计算。

还不只如此。田赋征收还牵涉其他作物，那些不能和米、麦直接用重量加总，所以规定要"折色"，也就是折算。受到反货币意识形态影响，朝廷折算故意不以铜钱为标准，先规定一石米和一匹棉布的交换比例，再将其他东西折算为布，最后才算回应该等于多少石的米。如此以布而不以钱为折算中介，保留了农业生活性质。

除了"折色"之外，还有"代纳"的问题。一个地方平常缴纳豆子，然而这一年朝廷特别需要木材，于是就改征木材，这中间又要有一个换算比例。

朝廷税收，每一件都牵涉到换算，但依照规定不以铜钱为中介来总计，必须保留农业生产中的重量单位"石"。明朝坚持用这种不方便的方式计算税赋达100多年，直到16世纪，才随着白银解禁，将一石米换算为0.3两白银，勉强有了中介货币单位。

而且如此复杂的事务，在朝廷里并没有一个类似今天财政部的单位，当然也没有专业的财政部长和部员。最接近财政部的是户部，但户部和现代财政部有一项关键、无法弥合的差异，户部是纯粹的执行单位，不具备出台政策功能。户部不管预算，也管不到什么物资要在哪里征收，总共要征收多少。他们只管想办法达成上面交代的目标。

那政策、预算在哪里订定？理论上，掌管户部的还能有谁？当然是皇帝，只有皇帝能下这样的政策命令，户部只是执行，并将数据汇总而已。

史料显示，14世纪末，有一年进入户部的地方财政数据，达2347笔之多。这些数据在到达户部之前没有先整合，无法整合。既然不是整合过的数据，其复杂程度便超过了2347这个数字所显现的程度。因为数据五花八门，用各种不同格式写成，很多数据北京的户部还要透过南京的户部才能取得，就算北京户部自己辖下的各省，也都有省内收集数据的方式，一直到县的层级，都没有统一。

而管理这些复杂数据的户部，在那个时候整个单位上上下下，一共51个正式官员，加上160个胥吏，如此而已。

05

官和吏角力，户部和兵部、工部也角力

朝廷组织编制中，有一个单位叫"十三清吏司"，"十三"来自"十三省"，所以是各省和中央朝廷的联系单位。

不过"十三清吏司"除了要管 13 个省之外，还有很多很杂的业务。要管北直隶、南直隶这两个不在 13 省以内的特别区，要管盐业专卖，要管漕运仓储，要管御马房，等等。

所以北直隶的财政由福建清吏司兼领，南直隶由四川清吏司兼领，盐业由山东清吏司兼领，钞关由云南清吏司兼领……这样的安排很怪吧，为什么将北直隶的业务和福建的放在一起？这中间只有一个简单的考虑，那就是福建、四川、山东、云南、广西、贵州这些个地方因不同理由相对比较闲，所以就分到监管业务，顺便做点别的事。

管理中央和地方财政的联系，还有余力可以管其他业务，可想而知在本业上是用什么态度在管了。

前面提到户部的员额，最多的时候增加到 74 个官和 165 个吏，官增加了将近一半，吏却只多了 5 个，但真正在做事的，是吏而不是官。顾炎武检讨明代没落问题的《天下郡国利病书》就重点提出了吏的状况。吏不像官，没有统一的晋用渠道，都是靠人际关系上来，因而有很多亲戚同乡的联结。一个单位中的吏形成复杂而坚固的师徒、亲戚、同乡关系，彼此掩护，和官之间则形成表面上下隶属，实际紧张角力的关系。

"流水的官，铁打的吏"，官来来去去，不只是调动频繁，而且自己都无法控制什么时候被调到哪里去，也就不可能有所准备。没有准备到了任地就任新职，几乎不可能立即进入状态，要做什么事，都必须问已经在那里、长期在那里的吏。

因而我们可以更简单地这样看：明代的户部人力微薄到真正在做事的，不到 200 个人，这和宋代的规模相比，都少了一半以上。宋代的财政管理逐渐朝专业化发展，明代相较却开了倒车。

户部规模太小，能管的很有限，而关于国家财政事务，除了户部之外，还牵涉其他单位。例如兵部在这方面也很重要。"卫""所"这种军事机构的经费，适用分配的，由一个县或一个州来负责供应。分配到的州、县，财政收支就脱离户部管辖范围，改为隶属于兵部。

还有兵部需要用马，交由民间以摊派方式养马，养马各户的田赋、力役就转由兵部管理。后来政府发现效果不彰，便改弦更张，重新征收田赋、力役，用这方面的收入找专人养马，但是这些民户的田赋、力役收入仍然继续放在兵部，没有退回户部统筹收支。

驿站也属兵部，由附近的里甲来负责提供资源。这部分的财源又从户部转归兵部，总体来看，兵部和户部在财政划分上多有交错混杂。而兵部和户部是平行单位，互不隶属，理论上他们的交集在于上面的共同长官，那是皇帝，只有皇帝能整合这两个部门的业务，然而皇帝可能有那样的精神和本事，去了解这中间的复杂关系？

还有一个和财政关系密切的单位是工部。以今天的概念来说，工部要负责公共建设；今天公共建设首先必须确认预算，有2亿4000万拨来盖一座桥，是用钱算的。明代工部的运作则是要分项确定材料的来源，需要多少木材由哪个地方出，石头多少由哪个地方出，还有工匠又是什么地方负责提供。

所以又牵涉到摊派。摊派到达地方，规定本来缴米缴豆子给户部的，改成缴木材给工部，于是户部原定的收入就少了。户部经常会因此对工部不满，产生紧张甚至争夺关系，但它们之间也没有固定的协调机制，没有在两者之上的国家会计设计，没有统筹国家会计的财政部长。

06

宫中开销与政府费用不分，岁入有定额，岁出无预算

财政部、财政部长最重要的工作是管预算。明朝的财政只有一个不精确的数字作为预算的基础，那就是朱元璋定下来的"2700万石"。朝廷的首要执行责任就是每年要收到这2700万石实物，依照这定额层层分派下去，不管各地征收的条件有了什么样的变化，2700万石这个数字是不变也不能变的。

更夸张更荒唐的是，也不管国家总体需要花多少钱，真正花了多少钱，这2700万石也都不会变。2700万是"定额"，而不是"预算"。"预算"的意义与作用是事先估计、调配大致可以有多少收入，要有多少开销，让这两者不要有太大的差距，维持平衡。

但明朝的国家财政岁入是固定的，但岁出却没有人知道会有多少。其中最麻烦最没有底的，是宫中的开销。在明朝之后，皇帝

和朝廷彻底合一了，过去宫廷和朝廷两套收支安排的方式也被打破了。汉朝九卿中的太常、光禄勋等是服侍宫中的，宫中的收支由少府管理，和朝廷财政是分开的。明朝取消宰相，以前宰相代领朝廷形成的独立系统消失了，皇帝自己担任朝廷领导，于是从皇帝这里使得朝中、宫中分不开了。

一方面，皇帝的公事和私事分不开了，另一方面，皇帝的公共开支与私人开支也分不开了。万历皇帝的长期罢工，是这种情况带来的一项严重后遗症。此前一直到宋朝，皇帝要册封贵妃，和朝廷百官无关，那是皇帝的私事，皇帝自己决定，有什么仪式有什么花费也从皇帝私库里开支，不需要让朝廷知道。

宰相统领朝廷为皇帝处理对外事务，宦官为皇帝处理私密的宫中事务，如此分工明确。立太子因为牵涉到下一任皇帝人选，比较敏感，才成为既公亦私的交集议题，其他如立贵妃，甚至废立皇后，一般外朝都不参与意见的。

然而到了明朝，这些分际都被打破了。万历皇帝时，册封郑贵妃的典礼，是由申时行以内阁大学士身份主持的。如此当然也就使得外朝对于皇帝的言行，不分内外、公私都有了许多意见。宫中开销当然也是其中重要的一项。

明代帝国的官僚体系庞大，有2万名正式的官员，加上5万名胥吏，都要由皇帝自己领导、管理。另外还有宫中，那是在紫禁城围出的一个小王国，其中包括了超过50个单位。宫中所需的物品，基本上都在小王国里生产，有众多工房，有工人匠户在里面工作。

官中开支有很大一部分是以户籍来处理的，工人成为官中匠户就不再属于户部管辖，不用缴交田赋。担任官女的，属于"女户"，一个人进官当官女，就全家免征。朱元璋的理想是用户籍性质管住每个人，农户就务农，铁匠就一直打铁，都不要变动，以创造一个最稳定的社会。不过这种理想不可能实现，最终只能要求世代至少要有一个人继承这个专业，名义上其他人也不能转入别的专户，于是最常见的做法就是去从事唯一不受专户限制的行业——商业。这是促使明朝商业发达的另一项因素。

官中开销用这种明显侵夺户部收入的方式取得，而紫禁城里的这个小王国在开销上几乎不比外面的大帝国少。官僚系统上上下下7万员额，巅峰时期的官中宦官也达到7万人，如果再加上官女及其他人员，依赖皇官生存的人，绝大部分时间都在10万人左右。10万人也就意味着10万户免征，这只是人力成本，还没有计入其他物资开销。

而且官中开支牵涉到皇帝的绝对权力，无法有定额，无法有预算。像正德皇帝要盖豹房，他下令盖就得盖，不会事先考虑有没有这笔预算，更不可能以没有安排这笔开销来阻止皇帝的想法实行。这么大宗的开支全由皇帝的主观任性掌控，没有预算，那么整体的国家财政当然不可能稳定。

07

银库间难以划拨，"税亩"为逃税提供可能

现代国家财政管理的另一个重要机构，是中央银行，而明朝也没有可以承担中央银行功能的机构。

在户部之下，有一个单位叫"太仓库"，这名称显然是从米粮储存、管理事务上来的。不过这时候，"太仓库"里收管的，已经不是米粮了，而是白银。当时的主要货币白银收藏在这里，然而"太仓库"绝对不是中央银行，不可能有统筹货币的权职。

成祖迁都北京之后，南京另有一个小政府，有自己的银库，另外太仆寺也有自己的银库，称为"常盈库"，前面提到的工部，也有自己的银库，叫"节慎库"。另外，光禄寺也有自己的银库。

在这几个银库间有一个术语叫"划拨"，光看字面都可以感觉痛，那也就是要将一个银库的白银，转到另一个银库去。谁有

"划拨"的权力呢？只有皇帝。所以不能说户部银库短缺，去调工部的，也不能工部没白银了，去问一下光禄寺有没有。户部不知道工部有多少，工部也不会知道光禄寺有多少。财政大权完全只在皇帝一人的管控中。

只有皇帝能管控，实质上等于没有管控。在《明实录》中经常可以看到，即使皇帝要"划拨"这些单位的钱财，他们的第一反应几乎都是拖，能不拨就不拨，能晚一天拨就晚一天拨，从本位立场出发，拨给人家自己就没有了。他们先拖着不拨，再找理由上奏皇帝，试图说服皇帝打消"划拨"的念头。

有"划拨"的办法，但真实状况下，即使皇帝下令，"划拨"都很少施行。总体来说，国家没有中央银行，没有各个单位用钱时财政上的弹性。工部要疏通运河，要从自己的银库里开支，不能动用户部的。财政收入已经受限于"2700万石"的定额，划分上又僵固在各单位的本位区划，使得开支因为没有弹性而必然没有效率，需要用钱的单位因为没有钱而无法推动业务，有钱的单位将钱花在没有迫切需要的项目上。

再看"2700万石"收入的取得方式，主要是依"里甲制"来分配。朱元璋将全国分成每10户一甲，每10甲再加上10户，一共110户为一里。奥妙在这不整齐、多出来的10户。这10户是里中最有钱的人家，他们10年内，每户轮流当一年里长。

明代的里，不是守望相助的里，而是征税收赋的责任单位。"2700万石"层层分配，到达里的层级，从里开始确实将定额缴交出来。所以将有钱人抓出来轮流当里长，让他们主管征税缴税，不足之数确保有人有能力承担补足。而且一户轮一年，一方面富户不会因而倾家荡产，另一方面又能收到抑制富户、平均财富分配的作用。

而到里的层级的细节定额，源自抽象的想象安排。《明会要》中记录朝廷规定：全国土地依照每5尺为一步，每240平方步为一亩，一般民田一亩税额为0.0335石，也就是30亩田征收一石。如果是官田，那就收一亩0.0535石。从数字上看，平均每亩田每年可收作物2石，那么税负很轻，大约只有1/60，不到2%。即使是官田，也才抽不到3%。

不过问题在：并不是每亩田都能年收作物2石。江南好一点的田，有年收3石甚至4石的；但很多荒僻之地，年收不到1石。归到最根本的问题，仍然是一体规定，没有考虑到地方差异，在抽象想象中抹杀了差异。

但差异真实存在，真正摊派征收时，不能不调整。明代田赋征收刚开始以"亩"为单位，后来就改成了以"税亩"来计算。什么是"税亩"？就是依照该块土地的生产力进行的调整，一块生产力没那么好的土地，实质的一亩面积可能才算成0.3"税亩"，如此其税负就降到了原来的1/3。

"2700万"定额不变，然而各地认定"税亩"的方式不一，必定有很多纷争，也必给了官员上下其手的空间，"税亩"会一直变动。总体来说，大家都会尽量奔走运作将田地的"税亩"降等，以便省税逃税。

这是地方的土地根本上一直存在的混乱。

08

地方政府分级混乱，官吏员额缺、薪俸低

明朝的地方制度问题很多。采用的是不确定的三级或四级制，有四个名称但不必然都是四级。省、府、州、县，有不同的搭配方式，大部分情况下是三级，省一定在最上面，但有些州上面没有府，有些县上面没有州。没有府的州直接隶属于省，形成省、州、县三级制；没有州的县直接隶属于府，形成省、府、县三级制。还有些州底下没有县，那就是省、府、州三级制。

还有南直隶与北直隶，叫直隶，表明它们直接隶属于中央朝廷，上面没有省。然而直隶州、直隶县却又不是属于南直隶、北直隶的，它们也是直属中央朝廷，所以位阶是和南直隶、北直隶平行的。

明朝以前，中国历史上的统一王朝都没有出现过这种混乱状

况。依照朱元璋的设计，县是税赋征收单位，负责确实执行收税上缴。府则是负责会计，依据所辖县的生产财富多寡来调整分配税赋数目。而省则负责转运。征收来的物资、白银，不需要经过府，直接从县送到省，再由省分发转送出去。

这三级在财政上有明确的分工，然而变成了奇特的四级制，财政办法便随而糊涂了。府无法确定到底是第几级，有时是由下而上的第二级，有时是第三级，多出了原本没有财政分工角色的州，那就不知道究竟哪个单位负责会计、哪个单位负责征收。

比较稳固的，是县总在最底下，在征税上处于最核心的位置。然而一个县的人事编制总共只有三个人——县丞、主簿和典史。再加上吏，顶多也不过10人左右，要如何能有效地完成收税的任务？何况他们要处理要负责的，不只是收税？

从细部看，明朝的行政上官吏人员明显不足。2万文官、5万胥吏，一共7万人，绝对数字看起来很大，然而明朝在巅峰时期有13个省，140个府，193个州，1138个县。光是一个县分配三个文官，就占掉了3000多个员额，难怪只能用这么小的规模来编配。

为什么官僚体系没有随着业务发展而扩大规模？这又是朱元璋的信念遗留，政府要愈简单愈好，而且朝廷财政有着"2700万石"的上限，阻挡了官员人数的增加。朝廷永远没有足够的钱来养更多的官员。

造成的结果就是明朝官吏薪资很低，因为国家财政上的收入只够满足那样等级的人事费用。

朱元璋为了不让皇亲国戚在京城干政，规定他们一致"就国"，去到分配给他们的一块土地上去。他们有头衔，但其实并没有真正的属国，而是给予他们在那里的基本待遇。不同爵位的待遇差别不大，都是每年 1 万石左右，到 16 世纪初，享受这种待遇的王侯超过了 300 人，于是这部分的开支就有 300 万石了。

　　以国家总收入 2700 万石来计算，这是一笔占比超过一成的开支，所以到后来，朝廷经常付不出来，就只好发明各种其他支付的方式。最主要的办法是解除过去对于王公贵族的种种禁令，让他们有空间自己去找出路，从而不再来向朝廷催讨欠款。例如说原本不许他们擅自离开所在的城，离开必须请准或至少报备，现在解除了。或是原本严禁他们和官员来往，防止其勾结干政，现在也解除了。

　　官吏的品级分正、从各九品，最高是正一品，其次从一品，一直到正九品、从九品，所以一共是 18 个等级。正一品一年薪俸是 1044 石，最低的从九品是 60 石。正一品官员靠这样的薪俸在大部分情况下可以过得不错，但如果住在京师，那就有点拮据了。那么领 60 石的从九品当然不可能靠朝廷的正式薪俸过日子了。

09

明朝官僚体系的败坏是管理上的无能

明朝的官员都必须自己想办法，最主要是在运送、转交钱粮上想办法。如果说国家给的定额是 1.2 万石，那么县里的说法变成是 1.2 万石叫"起运"，是要运出去的，另外多加一份"留存"，两者加在一起才是征收的总额。

"留存"也不是都留在县内，还要算府或州要留的。"起运"依照朝廷的定额，"留存"可就没有一定了，所以表面上朝廷维持"2700 万石"的固定数字，但实质上，朝廷完全不知道每年各地征收了多少，没有任何人任何单位有这个数字，能够掌握这份总量，更不可能知道并决定其增减。

明朝的国家财政没有统一的货币，没有财政部，没有中央银行，没有预算，也没有稳定的地方制度。最麻烦的是，财政上没有换算的弹性，表面上看一切都固定绑死了，一个地方需要分摊的定额没得商量，一个官员能从国家领多少钱，也没得商量。可是在这样没有弹性的表面底下，却有太大的空间，让每个官员能做很多户部管不到、工部管不到、兵部管不到、刑部管不到，即使想管也没有工具可管的事。

例如一个地方的摊派是缴给户部，相邻另一个地方的摊派缴给兵部，那么这两个地方相比谁缴得比较多，户部算不出来也管不着，兵部算不出来也管不着。就算地方上自己查出来了，觉得有不公平的地方，那么去找户部不对，去找兵部也不对，理论上只能找皇帝，但皇帝怎么可能管！

黄仁宇的研究显示了明朝财政"数字上无法管理"的严重状况。一个府底下有6个县，依照职权要决定6个县各自的税收数额，但这个府做不来这件基本的事，因为甚至没有一个总额统计可以有效地比较这个县和那个县的生产量哪边高一点、高多少。

黄仁宇要点出的，是明朝这套官僚体系的败坏，关键不是道德上的败坏，那只是反映了当时过剩的道德意识与道德修辞，更严重的是管理上无能的败坏。过去很多人批评儒家在政治上的家长心态，阻碍了民主的发展，然而明朝的问题比这个更根本。和之前的宋代相比，明朝的官员就算想当好家长，都缺乏可以贯彻爱民、护民用心的条件。

明朝的官僚体系中内在的管控考核机制完全消失了。数字上无法管理不只影响财政，还连锁蔓延到所有的面向。到底两个人的表现谁比较好？到底谁做的事情比较多？所有这些标准，都在数字无法管理的情况下，变得愈来愈主观，也就愈来愈模糊。于是整个文官系统的个性，也就必然倾向于"看人挑担不吃力"。大家最有本事做的，是去批评做事的人。

对于提出批评，他们很会，有现成、学了很久的道德修辞方便运用。相对地，如果真的要去挑担，他们可就没有能力，没受过训练，没有准备了。进入这个系统，再聪明、再能干的人，在数字上无法管理的情况下，都找不到方法可以有效工作，只能将精力与挫折发泄在道德修辞上。道德修辞不只压过了一切，而且成为官僚系统中的一份执迷（obsession）。一切都被归到道德，只有无所不在的道德修辞是真实的，然而，一旦道德修辞被抬得那么高，国家管理的领域中，也就没有任何真实的了。

10

里甲制是明朝存在的根本

黄仁宇有效地揭露了明朝的这些内在问题，不过沿着他的历史研究成果，我们必须进一步问：如果真是如此糟糕，明朝怎么还能存在了 276 年？也就是将明朝灭亡的问题以不同的方式端到台面上，显然我们需要的解释，不再能满足于罗列出崇祯朝发生了哪些事。关于崇祯皇帝和他周围臣子的行为分析，我们不得不考虑：明朝怎么能撑到让崇祯皇帝及其朝廷犯下这些错误？

如此发问，答案还是要回到朱元璋来寻找。朱元璋有他的执迷，那不是道德的，而是权力的。他的执迷是绝对不允许这个国家有任何可能威胁皇权的因素，不允许可能威胁朝廷统治的中间势力崛起。

因而他念兹在兹、孜孜矻矻，设计了黄册、鱼鳞图册防范出现大地主。黄册不只是中国的户籍制度大突破，甚至成了东亚传统中户籍管理的起源。的确必须佩服朱元璋，他敢于如此想，并以其毅力落实在当时的条件下极难完成的计划。从民间而来的身份，使得他格外反感土地大户。土地大户的关键不在拥有多少土地，而在拥有了多少人民，国家找不到这些人民，征收不到他们的税。控制了人民，地主坐大了就会与朝廷为敌。

为了确保朝廷可以监控这些大户的成长与威胁，明朝每10年要做一次人口普查，黄册与户籍要不断更新。这套做法使得明朝土地兼并没那么严重，尤其是大户收夺人民、隐匿人民的情况得到有效抑止。

上层的制度混乱，然而底层的里甲征税机制，带有高度自动运作的性质，基本上没有动摇。里甲建立在黄册、人口普查的基础上，大部分人都被包纳在这里面，里甲分配到的数量可能是不合理的——在同等的生产条件下，一个县可能必须付出邻县三倍的税赋——但相对地，所有人都在里甲系统中必须承担税赋，逃不掉避不开，而且家中稍有资财的，就被派任为轮流的里长，常常要拿出自己的储备来完粮完税，使穷人产生更强烈的公平感受。

明朝政权的根据在于底层这套控制系统，很简单、很明确，所以一直没有出过严重的问题。皇帝和京城的官员闹别扭闹罢工，北京官员笨到集体被一个不知来源的谣言骗得团团转，地方官员每天计算"留存"，弄钱进自己的口袋，还有东林党人不断升高道德批判，这么多光怪陆离的状况，但只要底层的里甲制还在，借着这个系统保障每年"2700万石"的名目收入，明朝就不会垮掉、不会灭亡。

从这个角度看去，明末历史的大题目："明朝亡于流寇还是亡于清朝？"就有了比较清楚的答案。不是说清朝不重要，而是相较于清朝，流寇动摇了明朝长期依赖的命脉，瓦解了底层的组织。外来的力量，纵使有强大的武力，但如果没有流寇，很难想象它能够使得明朝倾覆。

在满洲崛起之前，明朝经历了多少自我破坏，从皇帝到县丞，如此败坏，都没有威胁到明朝的存续。但流寇不一样，流寇一方面源起于里甲制的崩溃，另一方面所到之处瓦解了各地的里甲基础。明末流寇肆虐之前，相较于其他朝代，明朝的地方武装纷乱要少得多，也就是大部分农业区域是平和的。朱元璋在这方面有很大的贡献，但这样的基础在中、上层问题的反复折磨下，毕竟会有一天支撑不住了。底层败破了，才给予了满洲人进入中原、短时间横扫占领中原的机会。

第 八 讲

后金的崛起

清朝历史的情绪性改写、选择性扭曲

看待清朝历史要有特殊的小心态度。要自觉地意识到今天传留的许多说法，甚至运用的许多资料，都是经过了情绪性的改写改造。牵涉其中的情绪，和"驱逐鞑虏，恢复中华"有密切关系。进入 20 世纪开始掀起革命浪潮，革命的理由很快就凸显为无法继续接受外族的统治。革命的过程同时积极地解除清政府与满洲人统治的合法性。说得更直接明白些，也就是积极地丑化满洲人。

丑化的过程必然牵涉到历史，不必然因而捏造历史，而是抱持着纯然负面的心态去看历史，对于历史中该凸显什么，会有特定的选择倾向。例如说，在这种心态中就很难去注意到遑论凸显，和明朝的皇帝相比，清朝的皇帝多么勤劳、多么自制。

在这种心态中会格外凸显、注意的，是清朝皇位继承中的种种斗争纷争，甚至拿来作为戏剧的卖点，强调其不堪的宫廷内幕八卦。相对地，就缺少了对于女真人亲族系统的理解，以及对于新建王朝统治过程中必须调整的客观因素的认知。

抛开这种心态，持平而论，清朝的皇帝，尤其是前期的几任皇帝，他们的统治中有很多正面、值得肯定的因素，尤其是和之前的明朝相比。然而处于要质疑进而取消清朝统治合法性的情况下，这些就都被忽略了。

从应该被推翻的清朝而先入为主地认定，满洲人、清政府在历史根源上就是坏的，当然也就在历史中找出了他们所有值得被谴责的事迹，将这些组合起来，变成了清朝的历史。

不过清朝的历史，真的不只有这些负面的故事，我们要理解这段历史，尤其要认真追究清朝和现代中国之间的关系，必须在这些流行的剧情、说法之外去寻找、去建构。

从清朝到民国，对于清朝历史有过一段选择性的扭曲，然而还不只如此。前段，从明朝到清朝，历史记录有源自另外考虑的另一段选择性扭曲。而进行扭曲改造的，是清朝本身的建造者。

和后段的扭曲形成类似镜像的对照，前期为了建立推翻明朝的合法性，满洲人将原本和明朝亲和的记录予以改写，让历史看起来好像他们从一开始就是和明朝对立的，最后终于以正压邪，取代了腐败、无能的明朝。

对于满洲人如何从原本的建州卫崛起成为那么大的势力，孟森先生曾经做过许多细腻的考证。他的基本态度便是不能照单全收满洲人对于入关之前来历的说法。最简单却也最重要的功夫，是仔细查考比对清人自己留下来的《实录》和同时代明朝朝廷的《实录》，以及最关键的，却也往往被忽略的 —— 朝鲜所留下来的另一份《实录》。

朝鲜的《实录》中包括了许多和后金崛起有关的材料，这提醒了我们，由于地理位置的关系，这段历史不只是中国史，而且是和整个东北亚的变化联系起来的。用中国史的概念，守着中国史的范围疆界，会忽略很多重要的史实。

02

建州女真、海西女真和野人女真

关于清朝的崛起，可以从天聪十年（1636 年）说起。这一年清太宗皇太极启用了一个年号，叫"崇德"。依照以前历史的说法，皇太极前后有过两个年号，"天聪"和"崇德"，而这一年就是改元之年，从"天聪"改成了"崇德"。

然而稍微细看史料，就会发现其实不是这样，皇太极在 1626 年登基，称为"天聪皇帝"，他的父亲努尔哈赤是"天命皇帝"，"天命""天聪"都是尊号，而不是年号。当了十年"天聪皇帝"之后，皇太极才使用了年号，也就是原本是没有"天聪十年"这种说法的，是后来补上去的。回到历史现场，"崇德"是第一个年号，"崇德元年"是清朝有年号的第一年。

这件事重要吗？非常重要。因为牵涉到究竟在什么时候，清朝决定要取得和明朝平起平坐的地位。当他自称"天聪皇帝"时，显示的是他在自己领土范围内的统治权，然而十年后建元，那就是刻意套用了中原王朝的制度，表明自己建立了一个新的王朝，所以同时建了国号为"清"。

他当"天聪皇帝"时，皇太极统领的仍然是"后金"，但从定国号之后，他发表禁令，不准辖下的人再用"金""女真"或其他旧名。努尔哈赤在建州左卫建立起来的这股势力，的确和原本的金朝女真人有很密切的种族、血缘、文化联结关系。从中国历史的角度看，金朝后来被蒙古南下灭亡了，然后蒙古又进一步攻灭了南宋，而建立了元朝。不过如果换从女真历史的角度看，那么金朝从中国北方退却后，回到了原先的发源地，也就是东北到朝鲜北方这一带。

金人统治中国北方120年，在此过程中他们快速汉化，汉化的程度比之前的辽朝契丹人更深。他们的崛起是因为能够融合掌握游牧的军事行动力与农业的生产力；而在蒙古兴起之后，金人之所以快速没落，又是因为他们汉化太深了，已经失去了原本的优势。

于是他们当然带着已经烙印在身上的汉化结果从中原离开，不可能一离开了中原就彻底摆脱、遗忘汉化的影响。元朝之后，在松花江一带设立了5个"万户府"，以统领世居东北、较未开化的女真族。到了元末明初，其中的"斡朵怜""胡里改"2个万户府因受更外围的"野人女真"袭击而南迁，是为"建州女真"的前身。

明成祖永乐元年，"胡里改"部首领阿哈出入朝，朝廷将"胡里改"部改设为"建州卫"，由阿哈出担任建州卫指挥使。"斡朵怜"（又称"斡朵里"）部的首领猛哥帖木儿原附于建州卫，明永乐十年另置"建州左卫"，由猛哥帖木儿担任指挥使，至此建州卫一分为二。到英宗正统七年，猛哥帖木儿的弟弟凡察和猛哥帖木儿的儿子董山相争，于是又从建州左卫分出"建州右卫"。

明成祖为了征伐蒙古，积极招抚女真各部，作为侧翼牵制，便在东北地区广设卫所，当时已经有 115 个卫所。这意味着从中原退出之后一个多世纪，女真人和汉人又有了密切的连结，制度性地进入了明朝的系统中，名义上成为明朝的守卫，替明朝监视、防范蒙古。

明朝又将女真按地域分为三大部：建州女真、海西女真和野人女真。建州女真位置最南，其西北边接临海西女真（松花江大曲折处称"海西"），北边则是野人女真（又称"东海女真"）的居住地。

野人女真居北，气候与生产条件都最差，经常会有南下的冲动，进逼海西女真和建州女真，使得他们也连带逐步往南迁徙。他们再往南，就进入汉人的区域了，于是连带着与汉人之间有了许多摩擦冲突。

其中建州三卫的情况尤其严重，正因为他们和汉人的生产方式、生活习惯是最接近的。依照清人的史料，明朝的汉人会越界来偷盗，这就表示建州女真有稳定、发达的农业生产。建州女真和明朝的冲突进而影响了海西女真，他们得到了一个在建州和明朝之间缓冲的特殊地位。海西女真中有"哈达部"和"叶赫部"一南一北两个重要的分支，转而负责替明朝防堵建州女真。

03

从后金到清朝，民族认同的策略调整

15世纪中叶，明朝曾经多次入讨建州女真，最严重的成化年间进袭，甚至被称为"成化犁庭"，几乎造成建州女真灭族之祸。到万历初年，建州右卫势力增长，进兵辽东，被当时辽东总兵李成梁击败，建州右卫指挥使王杲被捕后处死。王杲的儿子阿台逃回古勒城，万历十一年（1583年）李成梁又发兵攻打，努尔哈赤的祖父与父亲便前往古勒城，试图劝降叛离明朝的阿台，却在城破时为明朝军队所误杀。这成为清朝建国史上的关键事件。

努尔哈赤出生于嘉靖三十八年（1559年），建州左卫的赫图阿拉城。在早期清人的史料中，找不到任何努尔哈赤到过明朝的记录。反观《明神宗实录》中，却记录了努尔哈赤曾经在万历十八年到三十九年间九次到北京进贡，而且万历十三年曾经受明朝封为正二品龙虎将军，十七年授予建州左卫都督佥事。这中间的差异当然不可能是偶然，而是反映了清人的政治立场与态度。

建州女真是真正的"后金"，和"前金"有密切的承传关系，他们的汉化程度很深，也是一直和明朝有密切互动的外族。然而到了努尔哈赤的儿子皇太极，他在天聪十年做了一个重要决定，应该说是重要的策略调整，他要和"前金"划清界限，并且摆脱过去以臣属的模式和明朝互动的习惯。

从努尔哈赤到皇太极，他们能建立功业，因为其有政治敏感度，又有足够的野心与勇气。皇太极重新定国号为"清"，改族名为"满洲"，放弃"后金""女真"，这样的姿态不是针对内部族人的，而是他对汉人政权明朝的对外宣传做法。

首先，他不要汉人用"后金"来看待自己，一直想起他们这些人是曾经侵占中原，又被蒙古人赶走的。汉人会因其这样的来历看不起他的部族。其次，他也不要让汉人觉得他今天具备的什么本事，是从汉人那里学来的，甚至是偷来的。虽然他明明要运用汉人的国家统治机制，但是在宣传上他要看起来是建立了自己的一套系统。皇太极不要继续用原来的"金"的历史架构来和汉人来往。

努尔哈赤正式和明朝翻脸时，曾经公布过"七大恨"，表示因为这累积的仇怨，他要对明朝用兵。"七大恨"是他誓师出兵时的一份檄文，我们可以借由这"七大恨"来整理建州女真和明朝的恩怨纠结，以及努尔哈赤崛起的经过。

不过一定要特别提醒的是，并没有"七大恨"的满文资料存留，我们现在能运用的史料，最早来自《清实录·天聪四年》，然而前面说了，《太祖实录》从天聪九年才开始记载，天聪九年以前的，都是后来才补录的。

《清实录》里只有汉文资料，没有满文。努尔哈赤提高部落地位、对抗汉人文化的一项做法，就是坚持使用自己的文字。这种文字是在"斡朵里"这一支中，重新建立的一种表音文字。努尔哈赤强调所有的满洲文件、记录，都必须用满文书写，然后才翻译为汉文，两种语言文字间有着不可改变的顺序，满文是主、是原件，汉文是从，是衍生的翻译。

努尔哈赤之后，满洲人有意识地将大量的中国文书翻译为满文，过去习惯的解释，出于汉人中心立场，视之为努尔哈赤向往汉文化的明证；然而，很明显地存在着另外一个相反的动机，将汉文译为满文，可以扩大满文的作用，并且预防、阻止族人对于汉文、汉文化的依赖，取得满洲人的相对独立性。

04

努尔哈赤决意讨明的"七大恨"

在汉文的"七大恨",也就是明白针对汉人进行的宣告中,努尔哈赤首先点出了:"我之祖父未尝损明边一草寸土也,明无端起衅边陲,害我祖父,恨一也。"祖父和父亲没有侵犯明朝,却被李成梁杀了,这是第一桩冤仇。

关于这件事的来龙去脉,《明实录》和《清实录》的记载有出入,对照后看起来主因是建州左卫将势力扩张到建州右卫,李成梁以相当激烈的手段,一定要打击建州左卫的野心。

"我尚欲修好,设碑勒誓,凡满、汉人等,毋逾疆土,敢有越者,见即诛之,见而故纵,殃及纵者。讵明复渝誓言,遣兵越界,卫助叶赫,恨二也。"我的祖父和父亲死后,我们都还依照你们的要求,将界线分清楚,再次确认我们对于明朝没有任何野心,严格控制边界，避免互相侵夺引发事端。你们一边，我们一边，有擅自跨越的，一定抓起来杀掉，如果有人发现越界者而故意放纵的，要负连带责任，规定严格到这种程度。然而这样的严守边界应该是双方共同约定的，明朝方面却又单方违约，竟然派了部队集体越界去帮助叶赫氏，这是第二恨。

还原历史情况，当努尔哈赤的祖父、父亲被杀时，建州左卫没有足够和明朝翻脸的实力，所以他们只是要求归还尸体并给予赔偿。这部分明朝答应也做到了。至于他们还要求惩罚引发这个事端的建州右卫，这点明朝就不同意了。

叶赫氏是海西女真的一支，看起来建州右卫阻止不了建州左卫的野心，为了进一步防堵建州左卫，明朝采取了拉拢海西女真分而治之的策略，于是在两者有冲突时，就出兵协助叶赫氏。

"明人于清河以南，江岸以北，每岁窃逾疆场，肆其攘夺，我遵誓行诛。明负前盟，责我擅杀，拘我广宁使臣纲古里、方吉纳，挟取十人，杀之边境，恨三也。"有汉人每年越过清河、江岸的边界来抢劫，我们依照原先说好的边境管理办法予以逮捕诛杀，结果明朝方面竟然又说我们随便乱杀汉人，还将派去谈判的使臣10人先扣押，后来还杀了，这是第三恨。

"明越境以兵助叶赫，俾我已聘之女改适蒙古，恨四也。"原本叶赫氏在建州左卫侵凌的压力下，选择和亲，来向努尔哈赤请求联姻，努尔哈赤也同意将女儿嫁给叶赫氏的拜音达里。然而谈定下聘了之后，明朝却出兵帮助叶赫氏，拜音达里就反悔了，以至于努尔哈赤的女儿必须改嫁到蒙古。这样的曲折变化，对努尔哈赤来说是一种耻辱。这是第四恨。

接下来，"柴河、山岔、抚安三路，我累世分守疆土之众，耕田艺谷，明不容刈获，遣兵驱逐，恨五也。"这是什么事？在和明朝讲好约定的边境之外，有些地方努尔哈赤认定是他们的传统耕地，派了军屯在那里，作物成熟了，明朝竟然派兵将这些军屯赶走，等于白费了多时的耕种努力，明朝连带地将农作物也抢走了。这是第五恨。

05

"何独构怨于我国也"

第六恨则又回到和叶赫氏的冲突上："边外叶赫获罪于天，明乃偏信其言，特遣使臣，遗书诟詈，肆行凌侮，恨六也。"明朝偏心叶赫氏，只听叶赫氏攻击建州女真的说法，甚至到了派使臣来严厉谴责、辱骂努尔哈赤的地步。

"七大恨"所说的使臣为都察院右副都御史、辽东巡抚郭光复所派。依照《清实录》的记载，这位明朝派来的使者萧伯芝大剌剌坐着八人抬的大轿，"盛具仪仗"耀武扬威地来了，说自己是皇帝派来的，要求各种接待之礼。然后抬出了历史大道理来教训建州女真。

努尔哈赤恭敬接待，萧伯芝就愈是嚣张，责问为什么今年没有进贡。努尔哈赤也温驯地回复，表示建州主要的贡品是蜂蜜，此地的蜂蜜和中原的五谷一样，会有丰年，也会遇到歉收的时候。中原遇到了五谷歉收，能要谁负责吗？没办法，本部这五年来花都开得少，当然也就生产不了那么多蜂蜜，才没有进贡。等来年春天，花开了蜂蜜盛产了，一定会照往年一样进贡。

说完了，努尔哈赤陪着这位使臣并肩骑马出来，然后突然改变了态度，在马上拍拍他，笑着说："你是从前那个辽阳无赖萧子玉吧！跟我来这一套，要骗我你是什么明朝的都督？我早已经看穿你是假的，竟然敢用这种方式进入我疆，我大可以杀你，只是为了给明朝大国留点面子，我就算了，我会去告诉明朝的巡抚，你以后别再干这种招摇撞骗的事了。"于是萧伯芝狼狈而归。

《清实录》的写法既凸显了努尔哈赤的精明，哪那么容易上这种无赖排场的当，又强调了努尔哈赤念及明朝的尊严，连这种狗皮倒灶的事，他都为了顾念明朝而忍下来没有发作，还在人前配合演了一场戏。

不过到了要和明朝决裂时，这个萧无赖闯进来说的没礼貌的话，还是要算到明朝头上，列为第六恨。

"昔哈达助叶赫二次来侵，我自报之，天既授我哈达之人矣，而明又党之，挟我以还其国。已而哈达之人，数被叶赫侵掠。夫列国之相征伐也，顺天心者胜而存，逆天意者败而亡，何能使死于兵者更生，得其人者更还乎？"

叶赫和哈达都属海西女真，哈达两次帮助叶赫攻击建州，建州逮住机会不留情灭掉了哈达以为报复，并且收编了哈达的部民。从努尔哈赤的角度看，不自量力的哈达活该，这像是上天送给建州的礼物一样，可是却被明朝干预阻止了，不准建州吞并哈达。

明朝的做法莫名其妙，违背了基本的天理，天理就是顺天者胜，逆天者败亡，就连叶赫和哈达彼此之间也依随这样的原则，叶赫强大的时候不也是数度侵略哈达！怎么会因为建州赢了，明朝就要违逆这项根本的天理，岂不等于硬要已经死在战场上的人复生，把已经收编的人再还回去？

最后的结论是："天建大国之君，即为天下共主，何独构怨于我国也？"明朝没有尽到作为"大国之君""天下共主"的职责，带有偏见，特别苛待建州女真。欺凌实甚，情所难堪。"因此七大恨，是以征之。"长久以来欺人太甚，不能再忍耐了，直接对明朝宣战。

06

努尔哈赤势力坐大的事实和"七大恨"的表达很不一样

由这份宣言我们大致可以清楚，对待东北，明朝实在没有什么灵巧可观的策略，只能在建州卫崛起过程中，以海西女真的叶赫加哈达对其予以牵制。

黄仁宇的《万历十五年》中提到了这一年，1587 年，努尔哈赤打下了扈伦，这是他当权后第一次重大的对外扩张。当时边境的总兵上奏此消息，希望朝廷派兵前往攻剿，制止这样的侵略行为，然而万历皇帝和当时的阁臣申时行却决定不予理会，后来还刻意对建州安抚拉拢。

和"七大恨"中表达的很不一样，事实是努尔哈赤势力坐大，明朝并没有积极阻止。大部分时候明朝采取的是安抚的做法，只是不让他摆脱哈达和叶赫的牵制。等到努尔哈赤扩张到灭掉哈达，明朝才比较认真地要对付他。不过为时已晚，此时努尔哈赤已经洞悉明朝的虚实，也充分理解掌握自身在明朝眼中的双重角色。

建州女真不单纯是明朝边境上的威胁。在明朝正式制度中，他们是"卫所"，是朝廷赖以防范外族侵略的力量，也就是明朝边防部队的一部分。他们自身就是明朝对外武力的一部分，怎么可能不了解明朝军事势力的虚与实？

事实上他们和明朝一向关系密切，长期得到明朝帮助，也受到汉人文化深刻影响。在关键节骨眼上，努尔哈赤却必须摆出和明朝划清界限的决然姿态，一部分原因来自他要建立起一支和原先替明朝防卫很不一样的军队，要和汉人的军事组织截然区划开来。

他建立了一支纯女真的部队，那就是"八旗军"。最早只有四旗，军旗有四种颜色，军事行动中以四为单位进行布局，后来又从四种军旗倍增为八个分支。八旗每一旗下分配特定的姓族部落，由一个贝勒来主持，领有八旗的贝勒，同时也就理所当然进入了权力的核心。

由军而政，八旗既是一种族姓集体领导团体，也是在战场上方便分合纵横运用的单位。努尔哈赤成功地运用了这套政军制度，让建州女真的力量得以快速壮大。不过这样的集体领导制到了清太宗皇太极的时候，有了很大的改变。

皇太极这个名字，其实就是皇太子。依照《清实录》的说法，这是个巧合，他原本女真名字的发音是皇太极，然而进入中原之后，发现原来这个音在汉语里是皇太子的意思，也就是储君，天意决定了他应该继承大位。

不过孟森的考证显示：皇太极本来就是取自汉语皇太子的称呼。女真人受到汉人影响，有权力的人家习惯将重要的儿子依随汉人说法，命名为由"皇太子"一音之转而来的"皇太极"。等到要打明朝了，建州女真要建立本族人的认同，采取了撇清之前和明朝亲近亲善的态度，于是新创了奇怪的"偶然说"。

"皇太极"源自汉语"皇太子"，不过这个名字在女真语的使用，并不具备权力或财产继承上的特殊意义。皇太极的地位并不是来自他是皇太子，而是他得到了努尔哈赤的特别信任，八旗分部时皇太极独占两旗，身兼二贝勒的职权。

再者后来努尔哈赤突然去世，需要有人立即接下来领军对抗明朝，在原本集体领导的架构中，当然是指挥两旗的皇太极有了最大的权力，成为首选。然而皇太极接位，又使得后金的体制朝向汉人模式倾斜，因为他是皇太子，变成了如同汉人王朝皇位惯例般是由皇太子继承的。

他继承了父亲的位子和权力，原先的部落集体领导制变成了嫡长子继承制，再又转为皇子竞争，由皇帝在皇子中选任的方式。这样的变化当然有助于稳定政权，形成后金当时急需的集中领导。

努尔哈赤发布"七大恨"公开与明朝决裂，除了他明白明朝的实力变化，还因为他往东、往南都进行了重要的布局。解决了哈达和叶赫对他的威胁，是往南的主要布局；至于往东，则在入关之前先占领了今天的朝鲜北部。本来应该担负为明朝防堵蒙古的职责，努尔哈赤却转而选择和蒙古和亲，并和其结成军事联盟。到努尔哈赤去世时，满洲的势力条件成熟，足以和明朝一战，有把握排除明朝对其统一女真的阻碍。

然而无论是努尔哈赤或皇太极，原本并没有入关的野心，遑论要统治中国。明朝由于边防措施的失误，使得满洲势力崛起，不过真正让明朝万劫不复的，不是任何一支外来势力，而是前面提到的体系基础的败坏。明朝亡于流寇，因为流寇才使得社会的根底倾颓瓦解。

不过如果清朝真是如他们后来撇清的那样和明朝疏远，纯粹是自东北重新建立起的势力的话，他们不太可能会在流寇灭亡明朝的当口，立即入关，接收政治和社会上的领导权。他们入关后的许多措施做法，绝对不是在和明朝疏离陌生的情况下能够想得出来，能够设计又能执行的。

诸寇横行的
时代

梃击案 —— 贵妃和太子的冲突

真正使得明朝灭亡的流寇，是一个大型的社会现象。流寇规模很大，动辄 20 万人，流窜的范围很广，从陕西到山西，再往河南。要特别强调的是，这是集体群众，要从社会集体行为的角度来看待、理解，希望大家不要再陷入以前读历史的窠臼，只关注高迎祥、张献忠或李自成几个人的行为与故事。

如此庞大的社会现象，不是依照一两个人的性格与意志而转移变化的，将历史人物抬得太高、放得太大，往往会让我们看不清历史中其他力量的真切作用。

不过换另一个角度看，要理解流寇却又不能不在意一些人事上的因素，但也不在高迎祥、张献忠、李自成那边，而是在明朝宫廷这边。这些影响政治运作的人事变化，产生了连环作用，影响了社会结构。明朝的统治运作在这段时期产生了关键性的动摇，使得 200 年来维持王朝经济与财政稳定的基础在余震中瓦解了。

传统历史中有所谓"明末三大案"，分别是"梃击案"、"红丸案"和"移宫案"。三大案都有其核心事件，不过更重要、影响更大的是这几件事在当时如何被处理，又如何被解释。

"梃击案"发生在万历四十三年（1615 年），有一个莫名其妙的男子，拿了一根枣木的大木棍（"梃"），打伤守门太监，闯入太子的居所慈庆宫，拿大木棍的人一直走到前殿檐下才被逮捕。

这是严重的侵犯宫禁事件，而且牵动了整个万历朝宫中最敏感的神经。因为牵涉到了太子朱常洛，而那么多年来，宫中上上下下，甚至朝廷里里外外，大家都知道万历皇帝不想立这个皇太子，是在外朝干预下，才不得不一直保留朱常洛的地位，没有换成郑贵妃所生的朱常洵。

犯下"梃击案"的人叫张差，被捕后先由负责巡视皇城的御史刘廷元问询。他问过后的报告说：看这个人的举止应该是个疯子，但又好像另有企图，建议"请下法司严讯"。

也就是刘廷元表示他无法确切判断。如果这人是疯癫的，那容易处理，就是单纯的犯禁事件；但如果另有企图的话，那就必须问出这企图究竟是什么，还有必须弄清楚是否牵涉他人，有没有人共谋，有没有人指使。

刘廷元的调查呈报上去，还没有"请下法司严讯"前，大臣们就纷纷有各种奏章上到皇帝那里。此时万历皇帝已经 20 多年不见朝臣了，对于大臣们的奏章仍旧不理。但皇帝不处理，整件事就愈滚愈大，招惹愈来愈多的注意，到后来成为"刑部会十三司司官"诘询的大场面。

各方面有关单位都到齐了，其中刑部员外郎陆梦龙表现得最积极，锲而不舍地追问，还真让他问出结果来了。他说张差明白招认：第一，他入宫是有内侍导引，不然怎么进得去又能走到太子殿？第二，指引他的内侍是庞保和刘成，这两个人都是郑贵妃宫里的宦官。

问到这样的结果，就只差没有直指"梃击案"背后的主使者是郑贵妃而已！此事非同小可，让皇帝都不能不理了。万历皇帝为此特别要大学士方从哲、吴道南带领一批文武大臣入见，一同在的还有太子。皇帝刻意拉着太子的手，对大臣们说："此儿极孝，朕极爱惜。自襁褓养成丈夫，使朕有别意，何不早更置？"（《明史·王之寀传》）这儿子很孝顺，我很爱他，我将他养大成人，我如果讨厌他，有别的想法，为什么还让他当太子当那么久，没有早将他换掉？

接着又叫内侍引三位皇孙上来，皇帝看着孙子说："朕诸孙俱长成，更何说？"太子生的小孩也都那么大了，我还可能对太子继位的事有什么意见吗？然后转头问太子有什么想法看法，要他坦白对大臣们说。

太子当然有准备，就抱怨说："我父子何等亲爱，而外廷议论纷如，尔等为吾君之臣，使我为不孝之子。"我们父子之间根本没有问题，是你们这些大臣经常东说西说，使得我成了不孝的儿子。并表示那个犯禁的人既然是个疯子，就赶紧照疯子犯禁的事实解决吧！

万历皇帝 20 多年来第一次召见大臣，当然必须遵照皇帝的意见处理，于是快速将张差弃市，另外在宫中不公开地将庞保和刘成"潜杀之"。因为事件发展成郑贵妃和太子的冲突，皇帝自己出面阻止事态进一步发展，如此让"梃击案"落幕。

02

红丸案 —— 辍学太子的短暂皇帝路

万历皇帝 20 多年不见朝臣，因为"梃击案"而破例，朝臣同意低调解决"梃击案"，不过提出了相当于交换条件的要求，请皇帝让皇太子恢复上课。算算，这位皇太子已经辍学 12 年了！

当年张居正之所以得到那么大的权力，便是以皇太子老师的身份和后来的皇帝建立了密切关系，也扮演了皇帝和朝臣间沟通的主要角色。皇太子的老师在朝政上很重要，但万历皇帝显然不愿意有任何朝臣和他的儿子产生这种联系，这也是他向朝臣抗议、罢工态度的一环。

因为"梃击案"，皇帝同意恢复皇太子的经筵讲学，恢复了多久呢？唉，总共只有一次，然后就又没了。从这件事我们看到，万历皇帝对朝政的罢工不只影响他当皇帝这一朝，连带地使得皇太子朱常洛，以及此时也快成年的皇太孙，都没能接受良好、完整的教育。不只是在执行皇帝权力方面没有准备，连作为人的成熟人格与常识都并未具备。

对于朱常洛的人格与才识，历史上没有留下太多的记录，因为他八月即位，九月就去世了，在位只有短短的一个月。然而万历皇帝的皇太孙，即后来的明熹宗就不一样了。

朱常洛在即位后，立即面临万历皇帝留下来的大问题——如何处理郑贵妃？万历皇帝死前，仍然和朝臣争执册立郑贵妃为皇后的事，他心知活着没剩多少时刻，着眼的是等郑贵妃死后，可以和他一起葬在陵寝中。内阁首辅方从哲要礼部去研究，已经和这位罢工的皇帝对立很久的礼部其实并不赞同，还未举行册立礼，万历皇帝就已经去世了。

朱常洛（明光宗）即位没多久，吃了一份由内侍崔文昇进送的药，便开始拉肚子，好几天止不住。此事很快传出去，又引发外面满城风雨，言之凿凿说这份药是郑贵妃要崔文昇送去的。

依照万历皇帝的遗诏，郑贵妃应该升任皇太后，新皇帝却因内阁反对而不做处理，因此表面看来郑贵妃有作案动机。光宗身体一直衰弱下去，此时鸿胪寺丞李可灼呈送了一颗红丸仙丹，因为他和御医关系很好，通过御医让皇帝知晓了有这颗红丸。皇帝自己决定服用，但之后不到一天时间，便传来了皇帝驾崩的消息。

这就是第二桩大案"红丸案"。

03

移宫案 —— 朝臣严批李选侍久居乾清宫

皇帝驾崩，刚开始并没有将死因和"红丸"联系在一起。首辅方从哲知道有"红丸"，原本的态度是反对皇帝服用的，但他认定李可灼是出于忠心关切而呈送"红丸"，所以还拟旨要嘉奖李可灼。然而御史王安舜有相反的意见，认为比对当时御医把脉的诊断，皇帝应该是被"红丸"害死的，必须追究李可灼的罪责。

于是朝臣因此分为两派，一派支持李可灼和方从哲，认为李可灼忠心可悯；另一派则咬定"红丸"害死了皇帝，必须深查追究。

无论如何，光宗去世了，才一个月的时间，就轮到原来的皇太孙朱由校即位，是为明熹宗。熹宗朱由校即位时 16 岁，他的母亲是王才人，在宫中地位很低。光宗喜欢的是李选侍，比才人身份低一点，原本光宗即位后想将李选侍升为贵妃。朱由校生母王氏逝世后，他由李选侍抚养。光宗皇帝召见群臣，欲封李选侍为贵妃。躲在门幔后的李选侍不满意，竟然从门幔后伸出手把陪同光宗召见大臣的朱由校拉进去，叮嘱他要光宗封自己为皇后，然后又把他推出来，但光宗没有答应。这件事让很多大臣留下了深刻印象。

光宗即位后，李选侍入住乾清宫，和皇帝住在一起。光宗死后，李选侍认为新任皇帝年纪还小，所以她仍然留在乾清宫陪伴小皇帝。然而此举引发了朝臣的强烈反对。

反对最烈、上奏语气最凶悍的是左光斗。他上疏说：

内廷之有乾清宫，犹外廷之有皇极殿也。惟皇上御天居之，惟皇后配天得共居之，其余嫔妃，虽以次进御，遇有大故，即当移置别殿，非但避嫌，亦以别尊卑也。今大行皇帝宾天，选侍既非嫡母，又非生母，俨然居正宫，而殿下乃居慈庆，不得守几筵、行大礼，名分倒置，臣窃惑之。且殿下春秋十六龄矣，内辅以忠直老成，外辅以公孤卿贰，何虑乏人，尚须乳哺而襁负之哉？……倘及今不早断，借抚养之名行专制之实，武后之祸将见于今。（《明史纪事本末·三案》）

乾清宫是皇帝住的地方，就像皇极殿是皇帝办公的地方一样，其他人不能随便用。乾清宫除了皇帝，就只有皇后能一起居住，其他的嫔妃只有奉召陪皇帝时才能进入。皇帝去世了，嫔妃就必须搬出来，不只是要避嫌，也要表现皇后和其他嫔妃尊卑高下之差异。

选侍没有皇后的名分，又不是皇帝生母，而且皇帝现在已经16岁了（实岁是14），里面有老实的宦官，外面有忠心的大臣协助陪伴就够了，难道还需要吃奶或要人家抱着背着吗？

前段解释并坚持乾清宫的制度规矩，说得很明白，然而后段却影射皇帝和李选侍之间会有什么不堪暧昧，口气就真的过分了。嫌这样还不够，更进一步将这件事无限上纲，比拟为武则天专擅皇权的再版。

李选侍受到左光斗上疏羞辱，要找左光斗理论，没想到招来更进一步的羞辱，左光斗的回应是："我天子法官也，非天子召不赴。若辈何为者！"（《明史·左光斗传》）左光斗是御史，皇帝任命管法律的人，只听皇帝的，所以用不屑的口气问李选侍："你谁啊？"

李选侍气不过，便叫宦官去找皇帝，但派去的宦官也见不到皇帝，在殿前被杨涟和左光斗挡住了。兵部右给事中杨涟回说："殿下在东宫为太子，今则为皇帝，选侍安得召？"（《明史·杨涟传》）表示皇太子和皇帝的身份不一样，现在当了皇帝，不可以让选侍这样将皇帝呼来唤去，杨涟生气地瞪着宦官，宦官吓得逃开了。

左光斗和杨涟进一步要首辅方从哲出面要求李选侍立刻搬离乾清宫，而且要搬到仁寿殿的哕鸾宫去。哕鸾宫是先帝妃嫔养老的地方。

这是第三桩大案"移宫案"。

04

以礼监视皇帝，"朝中"干预"宫中"

大学士方从哲为李选侍求情，认为事情可以不用这么急，也不必用这么激烈的方式处理。杨涟却不放过，说："今天不移宫的话，那就我们和李选侍一起到先帝灵前，讲清楚我们这些大臣到底是服务哪一家的？是朱家还是李家？不然，除非李选侍有本事杀了我，不移宫我就不离开。"

情况搞僵了，没办法，最后李选侍只好当天从乾清宫搬到哕鸾宫去，皇帝则住进乾清宫。

表面上看，移宫案中的赢家是杨涟和左光斗，后来就连只在位一个月的光宗的年号该如何处理，都是由左光斗拍板定案。左光斗和杨涟最终被魏忠贤逮捕下狱，饱受折磨而死，在历史上留下了响亮的忠臣名号，以至于这段过程中的另一个重要因素被忽略了。

左光斗为什么那么强硬？他们为什么能够得到令李选侍当天就移宫的胜利，甚至可以阻止李选侍找皇帝？

因为他们在宫中有一大靠山，那就是宦官王安。就像当年如果不是和冯保紧密结盟，张居正不会有那么大的权力，杨涟、左光斗也是靠和王安联合起来，才全面击溃了李选侍的势力。

在这里清楚显现出三大案的共同点——都是朝廷大臣介入皇帝宫中事务。这三大案在其他朝代几乎都无法想象，因为各朝都有基本的"宫中""朝中"界线，划分开皇帝的私事与公事领域。明朝最大的问题就在于这条界线消失了，至少是变得不清楚、不确定，开放了太多朝中干预宫中的可能。

同时也就开放了朝臣与宦官联结的可能，甚至到后来变成是朝臣和宦官联结的必要。这整体来说，仍然是皇权扩张却无法在制度上有稳固安排带来的后果。

废除了宰相，皇帝自己领导六部，压抑了外朝地位，士人不再有宋朝时"与皇权共治天下"的地位，而其后遗症则是使得皇帝没有了原本政治上超然的身份，使得士人得以干预皇帝的家务事。万历皇帝对这件事感受最深，反感最强，然而他采取的方式却不是建立制度来重建界线，而是赌气罢工，使得情况更加恶化，造成士人要和皇帝有所沟通，都必须通过宦官。

没有宦官的协助，外朝士人什么事也做不了，而寻求和宦官合作，又使得士人有更多空间介入皇帝的私生活领域，更进一步和宦官的内部派系斗争牵扯不清。宦官有自己内部的倾轧，而这时他们的斗争多了一项变量——可以拉拢外朝士人来作为帮手。

这里又联系上中国古代官员的选任问题，那就是人才教育和选拔，其方式、标准和所需要的功能长期脱节。被选上的人要承担的工作是治理人民，是制定政策并执行政策，然而他们所受的教育及经历的考核标准，却是讲究四书五经有没有背熟，对子是不是做得好，是不是了解文章承上启下的结构，能不能运用各种道德教训来做出堂皇的文章。注重的都是知识和道德，尤其以家族道德为其核心。

深深浸染其中的这些人，因而格外有兴趣管皇帝的家务事。他们相信"齐家治国平天下"的等次程序观念，所以认真地要求皇帝应该是天下的表率，不能容许皇帝在修身、齐家上违背圣人古训与当朝仪节。

他们不会分别开来看待皇帝公开的行为与私生活，因为他们学习的那套道德信仰强调君子应该表里合一，是君子才能有效治国平天下；于是反过来的逻辑也就变成了实际负责治国平天下的皇帝，非得是表里合一的君子不可。

他们用自己学来的那一套信念，严格甚至近乎严苛地看待皇帝及其家人，格外重视并监视皇帝及家人对于礼的遵守。从与朝臣在意识形态上对抗的角度看，万历皇帝确有值得同情之处。他不像正德皇帝那样为自己建立"豹房"作为礼以外的特区，明确地拒绝朝臣监督其私生活。万历皇帝和郑贵妃的关系摊在朝臣眼前，然而他们就是以"礼"为由，不断阻止他的愿望实现，一直到他死。

05

士人与宦官联合，请出皇帝乳母客氏

　　宫中、朝中的分际被打破了，宫中和朝中混为一体，就像打开了潘多拉的盒子，从里面跳出许多怪物，产生了黑暗的怪现象。其中一项，是让原本限缩在宫中活动的宦官，有了很大的掌政、掌权空间。

　　宦官王安支持朝臣杨涟和左光斗，压过了宫中的李选侍，王安底下有一个名叫李进忠的宦官也找到自己的方式取得政治权力。在他势力兴起的过程中，先是恢复本姓，变成了魏进忠，后来又由皇帝赐名，改为魏忠贤。

　　魏忠贤掌权，和前面提到熹宗在宫中的教育状况有关。在万历皇帝和外朝闹别扭的情况下，牺牲了光宗朱常洛的教育，同时也连累了后来的熹宗。他成长中最亲近的人，不是老师，而是乳母客氏。当乳母的一定生过小孩，客氏原本是一个叫侯二的人的妻子，但进宫之后就长留了下来，没有再出宫，而且客氏和宫里的一个宦官形成了"对食"关系。

"对食"表示两个人平常都坐在一桌对坐吃饭，像是民间夫妻一样。客氏和宦官魏朝形成了"对食"关系，生活在一起，然而另一个宦官魏忠贤，这时还叫李进忠的，也喜欢上客氏，和魏朝相争。两人的争执变得表面化了，为了避免扩大带来困扰，王安介入处理了魏朝，让客氏和魏忠贤在一起。

熹宗高度依赖乳母客氏。即位第二年，熹宗大婚，迎娶了张皇后，于是便有御史上奏请"出客氏"，皇帝都结婚了，不会再需要奶妈在身边吧！皇帝舍不得，就找了理由，说皇后才15岁，年纪小，应该由客氏来引导保护。又设了一个时间点，说等父亲光宗皇帝安葬后再让客氏离宫。

到了光宗葬礼行完，阁臣刘一燝没忘记这件事，又来请"出客氏"，不得已，皇帝让乳母离开了。但接着，16岁的皇帝日夜思念客氏，至于流涕，无法正常吃睡，终究忍不住，又把客氏召了回来。给事中侯震旸上疏，指责皇帝："皇上于客氏，始而徘徊眷注，稍迟其出，犹可言也；出而再入，不可言也……么麽里妇，何堪数昵至尊？"和奶妈关系太密切了，前面拖延让她出宫也就算了，出宫之后再要找回来，这就说不过去了，太不成体统了！而且不过就是个乡下老太太，哪里值得皇帝以至尊地位如此看重呢？

这话不只批评皇帝，而且将皇帝依赖的乳母说得很不堪。接着倪思辉、朱钦相又相继上奏，讲同样的话。皇帝生气了，便将三个人都贬官。这下不得了了，阁臣刘一燝也被激出来，不能接受三位大臣为了区区一个民妇被贬官。刘一燝上奏，皇帝不理，于是又激出马鸣起用更重的口气，写了客氏"六不可留"的理由，一定要赶她出宫。

这次换皇帝爆怒了。皇帝下令处罚马鸣起，刘一燝也被夺俸。于是又有王心一上疏抗论，也遭到处罚。之后"廷臣请召还者十余疏"，前仆后继，皇帝罚不胜罚，而且明显地处罚一个就引来更多，只好干脆不理。

06

皇帝私生活被当作大事，人人都是言官

这是明代朝廷政治的实况。以宋朝"士人与皇帝共治天下"的理想对比来看，明朝此时的情况简直就是孟子说的"君之视臣如土芥，则臣视君如寇雠"了。一方面要这些朝臣读书背书，牢记那些原则条文，另一方面在制度设计上，不给他们足够的尊严保障，也没有可以独立订定与执行政策的空间。长期下来，朝臣和皇帝不再是合作关系，而是变成了对立关系。万历皇帝的态度更恶化了君臣关系，他实质上拒绝和朝臣沟通，更是断绝了任何拉近关系的可能。

在对立中，朝臣随时在找皇帝的毛病，而他们最擅长的，也最容易讲得理直气壮的，是批评攻击皇帝的私生活。他们采取的策略是对皇帝轮番上阵，疲劳轰炸。前面的被处罚了，后面的就更振振有词，一方面谈原来的事，另一方面又可以对皇帝惩罚大臣指手画脚。而如果皇帝不予理会，他们就抬高道德谴责的声调，他们对这种道德修辞有着长期的训练基底。

皇帝的私生活被当作大事，而对待大事就要集体动员上奏。又因为朝政制度准许所有官员对不在自己职责内的事务单独上奏，于是使得满朝不管官衔是什么，实质上人人都是言官，人人都热衷于上疏抗论。

了解了这样的政治结构与政治风气，将心比心，我们会对长期罢工的万历皇帝生出一点同情之感吧！至少是比较正面的理解，他从经验中得到教训，如果对朝臣让步，自己连私生活的自由都没有了；但如果不让步，表现出反对，动用皇权施予惩罚，那非但不能阻止他们，反而会带来没完没了的连锁反应。最后，唯一的方式就是彻底冷漠以对，完全不理会、不互动。

不像万历皇帝做得那么极端，其他皇帝普遍的做法是在朝臣中培养自己的人。当有人批评皇帝时，这些人就会站出来反击，于是形成朝臣间彼此争执的局面，皇帝假装自己是中立的仲裁者。然而激烈的言辞往来，无法解决实际问题，到后来必定还是引发宫中朝中的混战。

客氏成为争议焦点，她有自己的权力基础，也有她的权力运作空间。她当然联结魏忠贤，先是排挤王安。新皇帝想要任命王安掌管司礼监，王安依照惯例，要表示谦让，表示自己才德不足以担此重任。客氏便趁机对无知的皇帝咬耳朵，说王安明摆着没有意愿继续服务，他对你这个新皇帝没感情，既然老皇帝死了，就让他出宫吧!

于是熹宗真的下诏让王安出宫,他顿时失去了权力依靠,后来又被魏忠贤害死。虽然将王安除掉了,但魏忠贤因为不识字,所以不具备掌管司礼监的资格。客氏就转而替他争取当秉笔。秉笔是帮皇帝拟草稿的人,不识字的魏忠贤能当?没关系,他可以再找识字的人将所需的资料念给他听,并将他口述的写成文字。

秉笔是个关键的权力位子,因为可以过目(对魏忠贤是听到)所有的奏折内容。熹宗皇帝对于治国兴趣缺乏,真正吸引他会专注做的,头一件是木作,他有着一份工匠制作的热情。魏忠贤就总是趁皇帝做得正起劲时去请皇帝定夺政事。皇帝的反应自然是:不要来烦我,你们决定就好。如此大权轻而易举地落入了魏忠贤的手中。

07

魏忠贤弄权，熹宗为何"懵然不辨"？

魏忠贤的权谋是一回事，更重要的是皇帝对于政治有多大的关注，又有多少理政的知识储备。熹宗16岁了，仍然如此依赖奶妈，他长大成人过程中到底受了多少教育、受了什么样的教育，不能不令人心生疑窦。

魏忠贤弄权，他在外朝有一批敌人，最主要的就是原本和王安结盟的那些朝臣。到天启四年（1624年），杨涟发难，上疏劾魏忠贤二十四项大罪。

忠贤本市井无赖，中年净身，夤入内地，初犹谬为小忠、小信以幸恩，继乃敢为大奸、大恶以乱政。

杨涟攻击魏忠贤的出身，他不是从小就阉割进宫当太监的。这的确少见，而且带有高度负面意义的。很简单，什么样的人会到了成人之后，不是被迫被卖，自愿去当太监？"净身"这件事太特别、太痛苦，还带有高度的危险，尤其是年纪愈长愈危险。那么除非是走投无路了，甚至可能是被逼债被追杀，否则干吗走这条不归路？

　　而"中年净身"这件事，也说明了他为什么会和客氏形成"对食"关系，他入宫成为太监前，已经知道男女之事了，和从小就被阉割的童男，男性荷尔蒙从来未曾分泌作用过的，在身体与情感反应上当然很不一样。

　　还有一项大不同。他在外面的社会打混很久，对于人际与权谋的了解，显然远超过其他宦官，也远超过没受过什么教育的皇帝吧！

　　点出魏忠贤的特殊出身后，杨涟在抗疏上接着批判他如何将诸多大臣从皇帝身边驱逐开，又用了什么手法陷害了其中哪些人。然后笔锋一转："裕妃以有妊传封，中外方为庆幸。忠贤恶其不附己，矫旨勒令自尽。是陛下不能保其妃嫔矣。"王安被赶走了，连皇帝的妃子魏忠贤都敢动，真没将皇帝放在眼里。再下来是杨涟自认的杀招出现了："中宫有庆，已经成男，乃忽焉告殒。"这指的是张皇后一度怀孕，后来流产，流出的死胎发现是男孩。有各种流言暗语表示是魏忠贤和客氏为了保有权力而联合下手造成的。杨涟抗疏要指控魏忠贤，也提醒皇帝，这个人坏到连未来的太子都敢谋杀！

这份抗疏后来被当作忠臣行为表率，称誉杨涟敢在魏忠贤掌权时直言攻讦。不过其实也再度让我们看到，明朝的官中朝中不分，到了怎样不健康、接近病态的程度。这可不是皇后生下了皇子所以对外宣布，而是从皇后怀孕，到皇后小产，甚至到小产的胎儿什么性别，都实时成为外朝新闻，而且大臣也不避讳，不觉得这是皇帝和皇后的私事，不只大加议论，还将议论流言堂皇地写在奏章上。

杨涟上疏后，魏忠贤赶紧去皇帝面前做功夫。他哭诉被如此污辱攻击，宁可交出包括东厂在内的所有权力。皇帝的反应呢？据《明史·宦官列传二》的记载，是去叫了一个宦官王体乾来，要他将杨涟的上疏念给皇帝听。王体乾是魏忠贤一党的，显然明白"兹事体大"，就故意省略了文章里最重要的句子。而且念的时候客氏还在旁边，顺便解说并评论，得到的结果就是"帝懵然不辨也"。

这还真不是平常的"懵然"！我们不得不怀疑：这个皇帝识字吗？我们知道魏忠贤不识字，有明确的史料可以证明，但熹宗呢？贵为皇帝，理所当然认定他是识字的，但这件事却让我们读来充满疑惑。他为什么不自己读奏疏，而且已经找了宦官来念，为什么还要客氏帮他解说，让客氏有可以故意曲解的机会？

经历了杨涟精心策划的反击，魏忠贤在皇帝面前却几乎毫发无伤，皇帝最后的决定是"遂温谕留忠贤"，皇帝明确表示了他站在魏忠贤这边，杨涟抗疏反而使得魏忠贤从此气焰更高。

08

两个壁垒分明的派系：东林党和魏党

看后世写的历史，总要先辨忠奸，和魏忠贤合作甚至依附魏忠贤的大臣就是奸臣，像杨涟这样公开反对魏忠贤的，必然是忠臣。然而这种观点掩盖了一项事实：士人和宦官的结合，不是到这时候才出现的。我们可以分辨并主张，因为其行事风格影响，魏忠贤能吸引到的士人在行事上乃至人格上有问题，但不能忘了、不能否认的历史事实是，左光斗、杨涟他们原本也和王安联结在一起，而且和王安的联结过往，相当程度上决定了他们采取和魏忠贤对立的态度。

魏忠贤的特殊之处，在于"中年净身"，太有社会经验了，又得以拉拢客氏替他从感情上控制了知识与能力都极度不足的皇帝。他先统合了宦官系统，让宫中只有魏忠贤这一派，如此牵动外朝，基本上随而整合为两个壁垒分明的派系 —— 支持魏忠贤的和反对魏忠贤的。

万历后期，朝中士人分成好几派，包括齐派、楚派和浙派，还有东林党。从名称上就看得出来，这是来自地缘关系的划分，再由科举形成的师生关系予以扩大、强化。不过，要能在外朝成派，几乎毫无例外的，他们在官中都必须有相应的支持。到了熹宗朝，魏忠贤有野心也有手段，将官中各派取消了，都统合在他一人之下，一并也就改造了外朝的派系结构。

前面提到的"三大案"就是在这样的派系结构下，才成为"大案"的。属于魏忠贤派的御史崔呈秀，他教魏忠贤利用这三件事，不断上纲来斗争反魏忠贤派。

杨涟抗疏之后，魏忠贤地位更加巩固了，开始了为"三大案"翻案的政治整顿。挑这三个案子，因为"梃击案"中指控郑贵妃的，"红丸案"中认为李可灼有问题的，以及"移宫案"中坚持要李选侍搬走的，这三群人重叠性极高，而且三次如此站队的都有杨涟、左光斗等人。

魏忠贤和崔呈秀内外联手，将"三大案"改写为从皇权角度看去的忠奸之辨，一边是忠于万历皇帝、忠于光宗与熹宗的，另一边则是专门挑皇帝及皇室毛病，为了凸显自己或另有图谋的。

魏忠贤派动用的斗争手段，包括了编一本《缙绅便览》，看起来很中性、很平常的书名，但实际上其内容就是点名分派，将不属于自己这派的敌人，明确罗列出来，要实现让众人歧视、排挤甚至霸凌他们的效果。类似的名录还有《点将录》《天鉴》《同志》等，都同样要区分谁是自己人，让魏忠贤派的人在交友来往和人事安排上当参考指引。

魏忠贤派的区分大动作，刺激另一边形成了"东林党"。谈到明末的"东林党人"，在历史上要稍有分辨，源自"东林书院"的关系，自认为属于"东林"团体的，其实人数并不多，这是狭义的"东林党人"。不过还有另一种广义的"东林党人"，那不是他们自己认定，更没有明确的结社行为，而是因为他们不属于魏忠贤派，尤其被魏忠贤派排斥、视为敌人，就都被归入"东林党"。

09

流寇问题的关键——"括天下库藏尽输京师"

"三大案"翻案的整风，到天启五年（1625年）四月，发展到新的高点，皇帝下诏重修《光宗实录》。光宗在位不过一个月，那么短的时间内的记录，有什么重要的，还得重修？这明显不是为了保存记录，而是要以此时已经形成的权党认定的政治标准，来重新予以改写。从重修《光宗实录》，更进一步扩大为编撰《三朝要典》，汇集了和"三大案"相关的奏章，由皇帝下令要求相关的官员必须研读。

这些文本实质上是对反魏忠贤派的总起诉状。清楚标举出这些人在"三大案"中站错了队，现在被认定是对皇帝与皇权大不敬，借此展开了大整肃。杨涟、左光斗首当其冲，进而牵连愈来愈广，连在外的将领如熊廷弼，也以贿赂朝中大臣的理由被批斗。

熊廷弼之外，又牵连到孙承宗。

魏忠贤掌权，发动斗争，这个过程中和后来的流寇之乱无法收拾，至少在三方面有明确的因果关系。第一是朝中混乱不堪。在整肃"东林党"过程中，许多原有的恩怨都被拿来放大利用，大家热衷于彼此攻讦时，最危险的是那些握有权力却此刻人不在朝中的人。有权力，会成为攻讦焦点，偏偏又不在朝中，既无法为自己辩护、提防别人算计，更无法参与拉帮结派的活动，尽失主动防护与反击的机会。

从天启年间延伸到崇祯一朝，我们看到的现象是：哪个大臣带兵出去，他就倒霉。这不是偶然、巧合，更不是都刚好选到有问题或没人缘的大臣来带兵，而是当时结构性、近乎必然的政治反射结果。有权又不在朝中，自然吸引原本与其就有过节或另有野心的人，拿这个人当斗争的目标。

以至于后来这些要带兵的人，必须有一半的政治实力或一半的心思放在防备后方上。这样的将领无法全心打仗，又怎能在战场上有好的表现？

影响所及，也就使得对于建州女真的坐大，到底该战还是该抚，迟迟无法定论。主战有主战的风险，主抚有主抚的风险，都必须先考虑自己的意见可能成为别人批判与斗争的理由。

主战风险很高，如果被赋予领军的责任，先别说战败，战争必定有胜有负，就算没有战败，光是作战过程已经有很多陷阱。如果到了冬天必须停战，后方可能把你骂翻了；因为什么原因行军进兵慢一点，后方也一定骂声连连。

主抚没有这方面的风险。不过主抚被视为等同于保证建州女真会维持和平会听话，如果抚了之后他们又有侵犯威胁行为，那么原先主抚的人就会吃不了兜着走。

再者，第二方面，魏忠贤鼓励宦官习武，天启年间，宦官大批大批在宫中操练，从个人武艺一直到军事战阵。现代武侠小说中出现许多武功高强、莫测高深的太监，其想象就是源自此。让宦官习武，魏忠贤得以恢复中断已久的"中使观军"做法，即派宦官去视察、考核部队。

如此更激化了与军事相关的斗争，并使得带兵的人愈来愈难不被牵扯入宫中和朝中的政治乱局。不巴结宦官，宫中无人照应的话，随时可能派来一个甚至连奏章都不会写也不用写的太监，视察一番回去东说西说，将领根本无从防范。

还有第三方面，刚浮上表面时像是小事，后来却证明了破坏力最大。天启三年（1623年）九月，皇帝下令让全面增加州县的兵力，并且计亩加饷，也就是以增加田赋来支应这部分的开支。几个月后又下令"括天下库藏尽输京师"，将各地州县储藏的金银与粮食，集中输运到京师来。

这件事引发了反对的声浪。明朝没有中央银行，各个库各自藏银。这项源于朱元璋"小国寡民"政策的设计，给帝国带来很大的麻烦，不过有一项好处——让地方赈灾容易，当地可以就近处理，一处的灾荒得以控制，不容易蔓延为人民流离、四乡受困的局面。就算第一时间没有控制住，行政效率太低或地理隔绝导致运送救难延迟，此地的饥民流徙到邻省，邻省也还有方便的银仓谷仓，可以尽快动用救济灾民。

毕竟连续两三年的自然灾害不是那么常见，一年的饥荒控制住了，明年生产恢复，问题就得以缓解。

但朝廷的政策改变了，要求将粮仓的存粮都集中到京师，使得地方上赈灾济荒的能力大幅下降。

这项改变了的条件，直接导致了后来流寇的产生。少数地方粮食不足，人民为了生存而流窜到其他地方抢食，这就是流寇。在一直高度依赖气候条件的农业社会中，流寇在中国历史上是极度普遍的现象。然而明末的流寇，第一是流窜的范围极广，第二是人数多得惊人，第三是长期存在一直无法解决，在这三方面，都达到历史上少见的程度。

10

流寇是明朝政治体系崩坏的总体现

流寇问题扩大的根本原因，在于原先用来处理人民离乱的机制，都失效了。"括天下库藏尽输京师"是其中的关键。各地没有了可以立即发放赈灾的储备，一旦有涝灾旱灾，饥民立即往外求食。河南饥民窜入河北，河北也没有储备可以提供，于是河北的人靠武力护住了自己的生产所获，那么河南的饥民只好一路再往山东流窜。更常见的是河北的粮食被抢了，然而无论如何河北的粮食绝对不够喂饱河南加河北的人，于是在河北又出现一部分饥民。他们只好和原先河南的部分饥民，再一起往山东或山西去。

流寇就是这样形成且扩大的。处理流寇有一种方式，叫"坚壁清野"，靠着足够的武力将流民阻挡在外，实质上就是让他们饿死在道路上，不要入城侵扰。要"坚壁清野"，必须靠军事力量，由朝廷派兵防守，于是就又牵涉到使明朝军事力量弱化、恶化的条件了。

防堵流寇时间很关键。对于领军的人来说，如果判断要花三个月来"坚壁清野"，他心里就发毛了。他太明白到第二个月朝中一定会有人严厉批评：那么多人派出去，这么久了还不能解决问题，应该追究将领的责任！他不能冒险这样被缺席批评，于是必须求取更快速解决流寇问题的方法。

一种方式是"以邻为壑"，用暗示、明示甚至收买迫近的流寇不要犯境，转往其他地方去。当然就不会管其他地方的防御准备如何，以及过程中流寇是否会更加壮大的相关问题了。采取这种策略，实质让流寇扩大及影响得更广。

另一种方式是"招降"，直接将流寇收纳成为自己的部队，流寇问题暂时消失了，还可以带这支增员后的部队防守或攻击其他股流寇。不过，关键在于招降收纳进来的人员，会听命令能指挥得动吗？

史书上记录，明末流寇领袖之一张献忠多次"诈降"，其背景往往不是张献忠反复、不可信赖这么简单。"诈降"要看到底对谁投降，也要看是接受了什么样的投降条件。明朝前线的将领经常先对朝廷报告敌人已归降，用这种方式来争取时间，然后才想办法和流寇谈判招降。一来，流寇没有严整的组织，遑论可依恃的纪律，代表去谈判的人同意要降，群众不见得就驯服。二来，谈判过程讨价还价有之、尔虞我诈有之，很难达成真正有约束效力的意见。

前线带兵之人普遍的心态，是急于处理眼下问题以保护自己，他们提的办法自然倾向于治标而非治本，无暇思及解决根本的困境，甚至无心要解决。招降时既然没有打算要解决更复杂的问题，降了的当然还会再叛。主其事者要的，只是自己在这个位置上别受害，得以毫发无伤交卸任务就好了，后面的情况恶化让后面的人去处理。

在这种情况下，流寇其实是明朝政治体系失能崩坏的总体现。明朝在财政上无法实现数字管理，所以流寇破坏国家财政基础的严重程度，朝廷迟迟未得到充分掌握。各地的生产系统接连瓦解，发生多米诺骨牌效应，产生愈加严重的财政缺口。明朝国家财政从未充裕，如此一来主要依恃的收入来源快速干涸，官场上一片訾骂、检讨之声。人人有张利嘴有支利笔，相应地却没有人真能出胳膊出腿去效力了。

流寇与后金崛起两项因素表里作用，造成了明朝灭亡。清朝入关建立政权，他们从明朝那里接过来的，是被流寇攻袭破坏得千疮百孔，几近处于无政府状态的中原。在完全没有统治中原经验的基础上，迅速稳定秩序，更进一步在几十年内不只创建一个新的朝代，还开启了和平的百年治世，其难度远比一般所想象的高得多。

美国汉学家魏斐德（Frederic Wakeman）将他写的清初历史定名为《洪业》（The Great Enterprise）有其史识道理，放开汉族民族中心立场，看清楚明朝政局长期混乱、社会最终败乱的史实，我们不得不承认清朝得以克服这种种结构性负面作用，重建一套有效统治，确实是一番"伟业"。

崇祯皇帝 ——
心理史学的分析

生祠遍立的"九千岁"魏忠贤的垮台

明熹宗天启皇帝 16 岁即位，在位 7 年，才 23 岁就去世了，没有留下子嗣。前面讲过，杨涟抗疏攻诘魏忠贤时，提过张皇后怀孕流产之事，此后张皇后没有再生育。于是皇位由熹宗的五弟、当时的信王继承，也就是后来的崇祯皇帝。

崇祯皇帝在位期间只用过一个年号，但他去世之后却有多个庙号，在历史上容易造成混淆。南明弘光政权给他的庙号是思宗，后改为毅宗、威宗。因而在称呼上，还是称崇祯皇帝比较方便、比较清楚。

熹宗才 23 岁就去世了，显然并未做继位的安排，身后皇位人选是由张皇后和她的父亲张国纪决定的。张皇后留下一个有名的故事，据说有一天熹宗看到皇后在读书，问她读什么书，皇后严肃认真地回答说：是《史记·赵高列传》。这答案当然别有用意，要警告皇帝提防宦官。

此事传出去后，魏忠贤有所警惕，于是征求大臣抗疏向皇帝控诉张国纪。其中一位已经70岁的大臣刘志选应命，写了疏状劾张国纪，重点在张皇后非张国纪亲生，事涉伪冒欺君。不过皇帝看了上疏内容，处理的方式是转告张国纪，告诉他要"自新"。

这又让我们怀疑皇帝到底有没有看奏章，或是到底有没有看懂奏章在写什么。关于张皇后到底是不是张国纪亲生，重点应该要先弄清楚事实吧，怎么会是要张国纪"自新"？要如何"自新"，才能保证以后不会再将别人家的女儿假冒自家女儿嫁给皇帝？皇帝很可能完全不理解奏章写了什么，也很可能对皇后的身世完全不好奇不在意，无论是哪一种可能，都挺奇怪的，这样的人握有政治上的绝对权力，也挺恐怖的。

熹宗突然去世，依照帝王仪节，皇后得到选任新皇帝的权力，她的父亲当然也有了介入的机会。选择过程中必定会将他们和魏忠贤的过节纳入考虑。很有可能，熹宗的五弟就是因为过去表现了对魏忠贤的明确敌意，而得到了皇后和国丈的支持。

事情发展得极快。崇祯皇帝在农历八月二十四日即位，到了十月，他最早发出的重要命令，便是罢免崔呈秀。崔呈秀是魏忠贤和外朝大臣间最主要的联络人。不过此举还没有让魏忠贤紧张，因为他事先本来就有布局要让崔呈秀当替死鬼。知道新皇帝对自己的行事很有意见，魏忠贤就让几位大臣上疏指责崔呈秀，将一些新皇帝讨厌的事，推给崔呈秀，采取了弃车保帅的策略。

但接着，皇帝下令将浙江巡抚潘汝祯削籍。潘汝祯是谁？他是最早提议要替魏忠贤建"生祠"的大臣。人都还活着，就要将他当神仙来拜，这真是阿谀到极点了。

第一座魏忠贤的"生祠"盖在西湖边，然后各地大官都抢着在自己的辖地上盖"生祠"来巴结魏忠贤。一座座盖得愈来愈讲究，据《明史纪事本末·魏忠贤乱政》中记载，有的以沉香木刻人偶，眼耳鼻口宛如生人，就像一个惟妙惟肖的魏忠贤在那里。还有的是"腹中肠肺俱以金玉珠宝为之"，将人偶挖空，里面装满了贵重宝物。另有一种创意是人偶的发髻处中空，方便可以插上鲜花。

官员借着建"生祠"展开了拍马屁仪式竞赛，有人迎忠贤像，五拜三稽首，称九千岁，只比皇帝的"万岁"少一千。还有人将魏忠贤的"生祠"盖到北京的东华门外，引来了工部郎中叶宪祖的愤慨，怒问：这里是皇帝出城时要经过的地方，当皇帝出行时，这个魏忠贤的土偶会起立会敬拜吗？还是仍然大刺刺在皇帝面前坐着呢？这样的话让魏忠贤听到了，叶宪祖受到削籍的惩罚。

天启七年（1627），监生陆万龄向朝廷建议，把魏忠贤供祠于国子监配享孔子，把魏忠贤的父亲配享孔子的父亲启圣公。而江西巡抚杨邦宪为了给魏忠贤建生祠，竟然毁了周敦颐、程颢、程颐三贤祠。杨邦宪建祠的奏疏上到皇上那里时，熹宗已崩，换成了崇祯皇帝。"帝且阅且笑"，读了之后笑笑。见到皇帝这个反应，魏忠贤觉得不妙，赶紧表态反对。皇帝说：好。魏忠贤赶紧再说那些还没有盖好或预备要盖的，也都叫停不要盖了。皇帝也说：好。

新皇帝没有等魏忠贤再有什么动作，农历十一月一日，距他即位才两个多月，就下令魏忠贤出京，到凤阳去守明太祖的陵墓。这当然是贬斥，而且带有要他去向太祖认错悔过的含义。魏忠贤出宫才5天，皇帝又将魏忠贤派在外面监军的太监全数撤掉。魏忠贤明白大势已去，还没有走到凤阳，才到阜城就识相自杀了。

　　然后崔呈秀也自杀了，魏忠贤的"对食"客氏也被捕并被扑杀了。尽管气焰嚣张不可一世，地位高到"九千岁"，当皇权有意识发动时，魏忠贤的势力在短短两个月内便土崩瓦解了。到第二年的正月，皇帝正式下令宣布魏忠贤及其党羽的罪状，施予惩罚。

02

超越前代的绝对皇权与忠君思想

看这段历史，最令人惊讶的是前后变化之巨。魏忠贤控制了宫中，进而收拾了朝中，连外朝都有这么多官员依附他，各地掀起抢着建"生祠"的荒唐运动。很难想象如此的权力竟然倒塌得不只这么快，而且这么彻底。他无法阴谋进行任何形式的抵抗，甚至立即连命都保不住了。

这充分说明了，魏忠贤再厉害、地位再高，仍然抵不过此时仍然近乎绝对的皇权。看起来他好像已经在权力上取代了皇帝，然而他的所有权力都还是来自皇帝，所以也就可能被皇帝一夕之间收回了。

和历史上的其他朝代相比，明朝有一项明显的不同。魏忠贤不可能不知道熹宗死后，张皇后和国丈张国纪将取得选任新皇帝的权力，会对他产生威胁。然而在明朝的祖宗家法保障宫中礼仪的情况下，他毕竟不能拿张皇后和国丈怎么样。

张皇后他们特地挑选了熹宗的弟弟中对魏忠贤最反感的一个来当皇帝，而这个新皇帝也不需要什么时间，不需要什么复杂细致的布局，光是有意识地亲自运用他的皇权，立即就让魏忠贤建立起来的势力结构如摧枯拉朽般灰飞烟灭了。

这真的是中国皇权的最高峰。历史上有那种面对世族带着高度自卑的皇帝；有逃难跋涉，吃不饱饭喝不到水的皇帝；也有被军阀武力挟持，用来当傀儡以便"挟天子以令诸侯"的皇帝；还有在"与士人共治天下"政治理念中，被士人宰相逼着冒险到前线征战的皇帝。明朝的皇帝不受这些限制，即使是魏忠贤，或是刘瑾、严嵩，他们都仍然是依附于皇帝去运用皇权的人，他们不可能僭越皇权，更不可能挑战皇权。

会造成绝对皇权，是因为通过教育、考试到行政程序，明朝的朝臣都已经被彻底洗脑了。这必然也同时是官僚系统被洗脑最彻底的一个朝代。这个朝代的大臣没有自我，只认皇帝，只认这个皇朝。他们的忠君思想之根深蒂固超越之前的任何朝代。

往后到了清朝，清朝政权遇到的最大困扰，同时也是他们在历史上的最大成就之一，正是如何将原本只认同、强烈认同明朝的这套政治结构，改造得接受并服务于新政权。康熙皇帝是对这段政权认同历史转折、转型影响最大的关键因素。

从明到清，外朝大臣被如此洗脑收服，以至于到我们的时代，有很多人认为中国的大臣必定都乖乖听命于皇帝，在皇帝面前都是顺服的奴才。这绝对不是历史的事实，中国传统儒家政治的理想不是如此，而是讲究、强调为人臣要有风骨、要有脊梁，在各朝事实上就有很多大臣集体有风骨、不奴才的例证。

也因为明清的政治认同意识，使得很多人到现在都觉得一个大臣始终效忠一个政权，是绝对正面的价值。然而这在中国历史的许多时刻，并不是必然的，更没有被上纲为绝对原则。

高度忠君的态度，其实是在明代确立的。明朝皇帝握有的绝对皇权，是通过这些朝臣在价值观上自我矮化而垫高形成的。并不是皇帝有多可怕，更不是皇帝有多了不起，而是这些士人大臣除了皇帝之外，别无信仰。皇帝变成了他们公、私两面生命目标的唯一中心。离开了皇帝，他们就不知道该追求什么其他目标了。

03

成为拥有绝对权力的皇帝全靠身份的偶然

这种情况在明末发展到极端，也呈现了最极端的表现。明朝问题重重，内防不了流寇，外防不了清军，其灭亡不止亡了一次，而是先亡于流寇，又再亡于清军。然而这样问题重重、真的没什么条件可以维系下去的王朝，竟然还"歹戏拖棚"，硬是唱出一段不绝如缕的"南明"尾声。这个朝代无法结束，大臣们抓到一个有资格当皇帝的算一个，不能接受甚至不能想象没有姓朱的皇族当皇帝的日子。

这个现象十分值得探究，为什么中国士人会有这样的集体心理状况，内在有如此强烈的信念，只认明朝，只认朱姓的皇帝？特别令人疑惑的是，历来的朱姓皇帝可有对士人大臣特别好，刻意拉拢吗？

借由这种历史集体心理现象的映照，我们可以对崇祯朝的朝政有比较深入的认识。崇祯皇帝也对大臣相当残虐，杀了很多人，用了很多冷酷的迫害与行刑手法。然而在促使明朝灭亡的诸多原因中，大臣对皇帝的背叛反逆，却绝对不在其中。这些大臣都近乎麻木地坚持支持绝对皇权。

皇权在他们眼前进行了一次绝对的大逆转，从彻底交付给魏忠贤，到彻底否定和魏忠贤有关的一切。

魏忠贤死后，崇祯元年（1628 年）五月，皇帝明令废弃魏忠贤当时用来罢免反对者的《三朝要典》；崇祯二年三月，倒过来成立了一个"逆案"名单，有 200 多人列名其上，分七等定罪，被认定是依附魏忠贤的党人，一概从朝中被赶出去。

眼看他起高楼，眼看他楼塌了，逆转的报应来得那么快、那么顺利，真是大快人心啊！不过从长远一点的历史眼光看，思考使得如此逆转可能的权力背景，还是应该让我们起鸡皮疙瘩，并且明白了这样的明朝基本上无法维持下去。

皇帝拥有如此绝对的权力，那么要如何才能保证皇帝会将绝对权力运用在对的、好的方向上？需要什么样的人格、精神、能力，才能好好利用绝对权力？"绝对"意味着皇帝不会错，没有人能指摘皇帝的错误而阻挡他要信用魏忠贤或击垮魏忠贤，因而绝对皇权不能试误（try and error）再逐渐修正调整。绝对权力便必须依赖运用权力的人有足够的智慧知道自己在做怎样的决定，会产生怎样的后果。

然而这样的权力，却是嫁接在一套极度僵化的继承制上，这套制度不必说和民主相比，和曾经存在过的其他政治权力继承方式相比，都是最僵化的。基本上只要你是皇后所生的第一个儿子，这份权力就自动属于你，完全不管你具备怎样的人格、精神与能力。皇帝的绝对权力偏偏在这点上也派不上用场，万历皇帝想要更换皇太子，被朝臣坚决反对而形成了王朝的政治危机。

制度上赋予皇帝绝对权力，但什么样的人来当皇帝又全靠出生身份的偶然。历史表明，明神宗、光宗、熹宗，没有一个人具备基本上能够运用也愿意好好运用绝对权力的特质。

04

袁崇焕要求"不以权力掣臣肘"

崇祯皇帝一上台，就整肃了实质上占有绝对权力的魏忠贤，将权力收回来，他一决定收回，魏忠贤便掉入深渊、一无所有。然而接下来其他的问题，就没有那么容易解决了。

最棘手的问题，是建州女真在东北坐大，不断扩张势力。原先广义的"东林党"人得到平反起复，朝廷有较多的人才资源可以选用，在各方举荐下，找了袁崇焕来。袁崇焕会得到举荐，因为他有经验，而他有的，有正面的经验，也有负面的教训。

袁崇焕看过熊廷弼如何在此经营，又如何垮了；也看过孙承宗如何在此经营，又如何垮了。依据他的经验，袁崇焕对崇祯皇帝提出了要求：第一，不能让后方朝廷诸臣"以权力掣臣肘，以意见乱臣谋"。在外面远方经营，要得到充分授权信任，皇帝不要听后面的人多啰唆，尤其不要派其他人从后面来分权限制前方的行动。

和提出的这个要求相对应的，袁崇焕承诺"五年复辽"，五年能够将建州女真的势力赶出辽东。崇祯皇帝同意了，等于给了袁崇焕一把尚方剑，让他可以独立支配相关财政与人事。

袁崇焕订定的策略是：第一，"以辽人守辽土"，用当地的人来担任主要的防守任务；第二，"以辽土养辽人"，直接运用当地的资源，不要从后方送来；第三，"守为正着，战为奇着，和为旁着"，以防御为主，偶尔有特殊机会才出战进攻，不得已时才谈和；第四，"法在渐不在骤，在实不在虚""任而勿贰，信而勿疑"，执行过程需要时间，不能急，尤其不要追求表面的功绩，因此一定要能信任，不要怀疑，更不要动不动稍微没看到绩效就换人。

皇帝对于他的意见都表示赞同，都答应了。于是袁崇焕去了辽东，一到辽东先动用人事权，先后请求崇祯皇帝取消辽东巡抚和登莱巡抚的建制。更关键的作为在于对待毛文龙。毛文龙一面带领明朝的守军，一面经常积极和建州女真通商，得到很大的利益。袁崇焕便上疏皇帝，要求派一个兵部的文臣来监管毛文龙的军饷。知道了这件事，毛文龙"恶文臣监制，抗疏驳之"，也上疏辩驳。袁崇焕于是突袭毛文龙，派军登上毛文龙守卫的皮岛，捉杀了毛文龙，然后才"以其状上闻"。

名义上那是一份自陈罪状，结尾处表示自己擅杀毛文龙，愿意接受皇帝降罪。不过前面大段文字都在解释为何要杀毛文龙，以及毛文龙死后该如何处置他的军队，包括为了保证毛的军队稳定不叛变，需要增饷银至 18 万。

据《实录》上说："帝骤闻，意殊骇"，皇帝刚知道这件事，很惊讶，无法接受。过了两天才想通了，"既念文龙已死，方任崇焕，乃优旨褒答"，反正毛文龙都死了，而且刚任用袁崇焕，就下旨嘉奖袁崇焕做得对。

05

崇祯前后任用 50 个阁臣，一个难以服务的皇帝

杀毛文龙的事发生在崇祯二年（1629 年）的六月，4 个月后，后金的部队毁边墙而入。原本袁崇焕派了军队前往防守，但在这节骨眼上，后方传来袁崇焕勾结建州女真的指控。

对袁崇焕的指控，包括了在努尔哈赤去世时，他曾经派使者去吊唁。这是事实，但依据这样的事要说是勾结，也太夸张了吧！后世从清人的记录中看到，此事牵涉到皇太极布置的反间计，他让人写下两封自己与袁崇焕私下议和的密信，然后让人故意"丢失"在明军的防地。很快，信中的内容在北京传开，崇祯皇帝身边的一些宦官、朝臣也趁机散布谣言，说袁崇焕引来后金部队绕道来取北京。崇祯皇帝对此半信半疑，拒绝袁崇焕率军入城休整的请求。与此同时，皇太极又让手下故意在两个俘虏的明朝太监前透漏"机

密"，说袁崇焕已与皇太极达成了攻取北京的协议，随后又故意放跑了这两个太监，让他们把这个"机密"报告给崇祯皇帝。

后金显然已经很了解明朝朝廷的政治风气。两个宦官回去后立即具状控告袁崇焕，而他们的控告也必然会被皇帝认真当一回事。六月，袁崇焕杀了毛文龙，到十月，他就被召回。皇帝以擅杀毛文龙为理由，将袁崇焕下狱，到了第二年八月，袁崇焕被处以极刑。

从明代政治架构上看，袁崇焕被杀最根本的原因在于他侵犯了皇帝的绝对权力，他真的去独立使用皇帝给予他的"全权"。然而崇祯皇帝并没有要和任何人分享他的绝对权力。所以对皇帝来说，袁崇焕不报告不请命就杀了毛文龙，比传言他和建州女真勾勾搭搭，还要更严重。

尤其是先斩后奏的书奏中，袁崇焕摆出了一副理所当然皇帝会接受这个事实的态度，最是冒犯了崇祯皇帝。偏偏当时的状况让皇帝不能发作，还必须如袁崇焕预期的那样将那口气咽下去。一时咽下去了，然而拥有绝对权力的皇帝，随时可能就爆发吐出来，不会一直憋在肚子里。

袁崇焕死得冤枉，以至于后来留下的一种历史观点，强调如果袁崇焕不死，明朝就可以不亡。这样的看法和当时明朝政治的现实，有很大的差距。首先，袁崇焕被杀时，是崇祯三年（1630年）的八月，距离明朝灭亡，还有将近 14 年的时间。即便当时袁崇焕不死，甚至之前没有下狱，后来也很难有什么作为。因为崇祯皇帝在位一共不到 17 年，在这段时间中竟然用了 50 个阁臣！

张居正、申时行都当过内阁首辅，内阁首辅是朝廷官员中地位最高的一个。算一下，阁臣取得这样的地位，是明太祖洪武年间"胡惟庸案"之后。要知道，宋朝开国起 130 年内，也只任用了 50 位宰相。还有，在崇祯之前，明朝 200 多年历史，只有一位阁臣在任上被处以死刑，而崇祯不到 17 年的时间里，就杀了两位现任阁臣。

很明显，在崇祯皇帝朝中做事，动辄得咎，哪有可能撑得了 14 年？50 个阁臣，平均每个人的任期是 4 个月，可以想见服务这个皇帝有多困难。

06

极端的自我为中心贯串崇祯朝的统治

崇祯皇帝刚上任不久，对于很多情况还不是很熟悉，会比较依赖阁臣的时候，在崇祯元年任用过刘鸿训担任阁臣。《明史·刘鸿训传》上记录，当时关门兵因为领不到薪饷而鼓噪。皇帝知道了很生气，要找造成短饷的户部来骂。刘鸿训劝皇帝逆向思考，将这件事当作权谋的机会，下令户部发30万军饷给鼓噪的卫队。

这叫作"不测之恩"。这些卫兵因一时冲动而有脱序行为，冲动过后一定有点后悔，也会担心引来惩戒。如果皇帝此时竟然施恩于他们，他们一定感激涕零，不只可以得到他们未来的效忠，而且使皇帝的恩慈名声传扬在外。

不能说刘鸿训讲得没有道理，然而光是刘鸿训对皇帝原本的反应有意见，皇帝就不喜欢他了。新皇帝刚即位，刘鸿训觉得自己有责任告诉皇帝什么该做，但不管他说什么，皇帝的反应都是不同意。刘鸿训可能也有挫败感吧，就曾经对别人表示他认为这个皇帝还年轻不懂事，也不够有魄力。结果"帝闻，深衔之，欲置之死。赖诸大臣力救，乃得稍宽"。

多严重啊！话传到皇帝耳中，皇帝非常生气，气到要杀刘鸿训，还要靠其他大臣尽力挽救，才终于放过他。刘鸿训此前已被流戍到北方代州，经此事后，就死在了戍处，再也没回来。

刘鸿训错在哪里？一错错在皇帝已经有看法时，还要表达自以为更聪明的建议；二错错在经常催促皇帝去做他还没想到要做或还没准备要做的事，表现得好像比皇帝还了解状况；三错错在竟然还敢在背后批评皇帝。

而这些错，是从崇祯皇帝高度自我中心的角度去判断的。这是明末最大的悲剧，皇帝的绝对权力此时掌握在一个高度自我中心的人手中。他自我中心的程度极端到只要意见从别人那里来，他的反应必然觉得不对，他无法赞同任何人。先入为主认定别人都不可能对，不可能提出比自己能想到的更好的意见，然后从中找问题，找出理由来否定别人的主张。

只要是刘鸿训主动提的，皇帝一定就先说"不对""不要""不应该""不可能做"。而且对于别人的批评，如此自我中心的人不只是不能接受，还会将之上纲为仇恨，一份绝对无法原谅的错误。

拒绝别人的建议，不能忍受批评，这两项自我中心的特质，贯串了崇祯朝的统治。

07

轻信和多疑的矛盾结合

崇祯皇帝用过的阁臣中，得到他最大信任的，应该是杨嗣昌。崇祯皇帝还曾经感叹太晚才任用杨嗣昌。很晚任用，所以任用杨嗣昌时，流寇的问题已经很严重了。

杨嗣昌规划了一个有名的策略来对付流寇，称为"十面张网"，以军队武力将流寇密密包围限制在一个区域内。要"十面张网"，也就是要动用军队，也就是"主战"，然而谁来带领军队呢？杨嗣昌负责攻剿流寇，但实际执行命令的人，却由不得他来选。

杨嗣昌的重要副手是熊文灿，他之所以崛起，是在福建沿海整治海盗有功。他运用的方式，是拉拢郑芝龙，消灭了刘香的势力。刘香被郑芝龙扑杀了，熊文灿就上疏报功。不过收到了报告，崇祯皇帝的反应却是怀疑刘香未死，所以派了一位宦官假借到广西采办，实则前去观察熊文灿，负责去调查刘香是否真的已死。

宦官受到熊文灿接待，相处融洽，一次在酒后，熊文灿拍桌说大话，指称"诸臣误国"，朝中这些人无能又犯错，才会让流寇变得如此不可收拾，顺道就表示如果交给他来处理，流寇鼠辈绝对不可能这样猖獗。他这番慷慨陈词太感人了吧，于是宦官对他公开了自己的密使身份，表示会对皇帝推荐熊文灿去打流寇。

如此一来熊文灿酒都醒了，赶紧一连串说出对付流寇的"五难四不可"，但太迟了，这位宦官特使对他那番激昂表态留下了太深刻的印象。临别前，特使问熊文灿，如果真有皇命，你接还是不接？熊文灿怎能说不接呢？当然只能表示不会推辞。视此为保证，特使到皇帝面前推荐熊文灿。到崇祯十年（1637年）四月，熊文灿得拔擢为兵部尚书兼右副督御史，成为执行杨嗣昌计划的主要副手，负责布网围堵、剿灭流寇。

这段过程从另一个角度显现出崇祯皇帝的统治问题。一直换阁臣，因为他无法信任任何人。有着高度的疑心病。在这点上他和其他皇帝很不一样，是人格上的特质造成的。明朝皇帝握有绝对皇权，又有庞大的宦官系统可以运用来监督外朝大臣，在架构上保障皇帝不会受到什么威胁。所以万历皇帝可以罢工，一切交给系统自动运作，熹宗可以那么信任魏忠贤。然而崇祯皇帝却一反常人的态度，一般人是听到别人说的话，除非有特殊理由，会先接受其为真；崇祯皇帝却是不管听了什么，尤其是朝臣的上奏，除非有特殊理由，都先认其为谎言、假话。

所以他不相信熊文灿的报告，不相信刘香死了，一定要多一层调查确认。但他的个性中却又有另外一面，对于别人说已经发生的事，他充满怀疑，但对于尚未发生的事，他又经常抱持无理由的乐观态度，所以对于未来的计划不会花心思用力气认真讲究细节。因而得到了宦官特使的推荐，立即兴奋地觉得自己找到可以围剿流寇的人才了。

把熊文灿放上这么重要的位置，并没有经过仔细的考校检验，就像他连任命阁臣都可以随便一样，才会17年内换了50个。这绝对是一种最糟的择人、用人方式，开始时如此轻信如此随便，等用了又处处怀疑，轻信和多疑矛盾地结合在崇祯皇帝身上。

08

自我中心与崇祯皇帝人格中深层的迁怒转移习惯

为什么会产生这种矛盾的个性？矛盾的性质在一项心理机制上统合了，那就是拒绝承担责任，本能地逃避责任。

我们从表面上看，这样的人一面轻信、随便任用人，用了又多疑以致频频撤换，他不累吗？难道不会学到教训，将多疑的态度转到用人之前来，与其用了却不断担心怀疑，不如先费点工夫，彻底认清楚这个人，思虑明白他到底是不是对的人选。

我们会有的疑惑，如果从深层心理上对于责任的抗拒来看，就能得到解释了。这样的人高度自我中心，到了绝对不能承认自己可能有错的地步。正常状况下，人经常因为自己做错了决定，感到懊恼而展开反省，这个过程中我们的自我意识也就受到了打击。因而逐渐被迫明了，现实世界不是我能够完全操控的，不是我如何计划、如何想象，别人就会依照我的计划行事，事情就会依照我的想象发生。如此我们的自我受到了约束限缩，自我中心被其他因素侵入，以后就不可能再如此独断。

那么要是什么样的人，具备怎样的心理机制，才能抗拒其他因素侵入，一直保持高度的自我中心，目无外界现实？那就要不断地"迁怒"，深深相信所有的错都是别人的，我之所以失败、之所以无法得到计划中的结果，不是我的计划有问题，不是我太一厢情愿想象，都是别人害的。

自我中心永远和"迁怒"的反应联结在一起，愈会"迁怒"的人便愈是自我中心；倒过来，要一直保有高度自我中心态度，这样的人非不断"迁怒"不可。孔子对人的道德修养有很多了不起的洞见，其中一项表现在以"不迁怒，不贰过"来称赞颜渊。

短短少少的六个字，却表达了那么细致的观察。不迁怒，指的是愿意承认自己的错误，有这样一份最诚实真挚的反省之意，那不是表现于外、对别人认错，不是迫于形势或为了挽回面子给自己下台阶而认错，是自己真切感受到违背了原则，必定如此认错，才能"不贰过"，不再犯下同样违背原则、违背良心的错误。

在日常心理机制中，人会倾向于维护 ego（自我价值感），将许多力量从冲击 ego 的方向转移开。久而久之，这样的转移就成了习惯，"迁怒"便是其中最常见的一种转移。

崇祯皇帝的人格中，带着深层的迁怒转移习惯，认定别人是错误的来源，而以愤怒发泄表现出来。一个经常处于愤怒状况中的人，往往便是以愤怒为仪式，借着对别人生气，撇清自己的责任。

都是你们胡乱来，都是你们不听我的，都是你们没有注意，都是你们不够认真……都是你们让我如此生气，于是造成这样错误的结果就和我无关了。愈是怕责任沾上来，就要表现得愈愤怒。

09

从"刑部易尚书十七人"看崇祯皇帝的责任逃避心理

高度自我中心反映在人格上，形成了权威人格，而不幸的，作为明朝的皇帝，他身上真的拥有绝对的权威。雪上加霜的，崇祯皇帝具备一定的聪明，可是他将聪明都运用在挑人家毛病上。别人说了什么话给了什么意见，他有足够的聪明可以听出、找出其中的不足之处；别人做了什么事，他也有足够的聪明立即想到做得不够周到的部分。

到处都能看见别人的错误，不断因别人的错误恼怒，不断运用他的绝对权威对人施以惩罚。如此他必然听不进别人的建议，而他做的任何决定，从他的角度看去，必然得不到彻底、完整的执行。他看不到任何自己的责任，也绝对不愿意承担任何责任，逃避责任成了他心理机制中的第一选择，一定要将责任推出去，推到别人身上，他才活得下去。

崇祯十年（1637年）听信一个建议任用了熊文灿，到崇祯十三年（1640年）十月，熊文灿被杀了。从史料记载上看，无论是人格、思想或行事风格上，袁崇焕和熊文灿都相去甚远，不过他们生命的终结方式却是一样的——他们都是因为担任总督时所犯的错误而被皇帝下令诛杀的。崇祯皇帝在位期间，另外还有郑崇俭、刘策、杨一鹏、范志完和赵光抃，总共7个人，都是因总督任内的错误而被杀的。总督的位阶多高、权力多大，能上到这种位阶的人没有多少，他们竟然都那么糟糕、那么无能？真的那么糟糕、那么无能，这几个人又是如何当上总督的？

看一下其中的郑崇俭。他是负责围堵张献忠势力的，成就很高，号称"未失一城，未丧一旅"，却因为在和张献忠部队对阵时，被指责撤兵过早，导致贼兵猖狂。皇帝于是立刻将他召回，马上下狱，很快判定"立决"，意思是甚至不等到传统上认定可以施刑杀的秋天，就如此迫不及待地将他处死。他是在农历五月初夏季节行刑的，离入秋还有很长一段时间。

除了7个总督之外，崇祯皇帝还杀了11个巡抚，而负责审讯、刑杀这些人的刑部呢？《明史·易应昌传》中算得清清楚楚："帝在位十七年，刑部易尚书十七人"，平均一年换一个刑部主事者。第一任是从熹宗朝留下来的，因为属魏忠贤的党羽，所以被撤换被诛杀，有道理。第二任是苏茂相，他从兵部尚书高升去当阁臣，不过才任职半年就被罢免了。第三任王在晋还没正式上任，皇帝就改变主意将他调到兵部去了。第四任是乔允升，和前面说到当阁臣的刘鸿训一样，在任内被遣戍流放。

下一个是韩继思，因皇帝对刑部议狱的结果有意见，他就被革职了。然后接任的是胡应台，他在史书中得到正式的记载："独得善去"，竟然能够好好做完刑部尚书没有出事，多么难得！

下一个是冯英，和乔允升一样，任内犯错流放。下一个郑三俊和韩继思一样，"坐议狱"，但不只革职，还因而坐牢。再来的刘之凤也"坐议狱"，可是一个遭遇比一个惨，不只革职、不只坐牢，还被判处绞刑，在行刑之前就病死于自己曾掌管过的牢狱里。

甄淑"坐纳贿下诏狱"。再下一个李觉斯又"坐议狱"，不只革职，还削去士籍，科举功名与官员资格都没了，但至少保住一命，也没有坐牢，还算是待遇较佳的。再下一个刘泽深，任期很短就病死在任上。再下一个郑三俊任期也很短，改派到吏部去。他这是第二次做刑部尚书。再下一个范景文刚任命还没上任，又改派去工部。下一个徐石麒，也是"坐议狱"。

接下来是胡应台，皇帝第二次要他当刑部尚书，他"再召不赴"，绝对不肯当。所以换成张忻来当，到他当刑部尚书时，李自成攻陷北京城了，他成了明朝在北京的最后一任刑部尚书。

10

罚远过于罪，试验自我权力的界限

整理这份名单，最惊人的是其中那么多人获得的罪名都是"坐议狱"，这又是让我们深入了解崇祯皇帝的一条线索。刑部的主要职责就是断狱，刑部尚书不"议狱"那要干吗？他做他被交付的工作，然而只要他做出来的决断和皇帝想法不一样，皇帝就追究他的责任，严厉惩罚他。

一任又一任"坐议狱"，我们不免好奇，这些人都是笨蛋吗？没有基本的政治敏感度或缺乏基本学习能力吗？看到前任"坐议狱"被罚了，难道他们不知道或不会揣摩上意，为什么又做出会冒犯皇帝的"议狱"结果来呢？

不可能这些当上刑部尚书的都是笨蛋，也不可能接连几个人都不知道要靠揣摩上意来保护自己。那么唯一剩下的可能性，是他们知道要揣摩上意，他们也努力揣摩上意了，然而怎么揣摩都得不到上司的认同，都还是惹崇祯皇帝生气了。

这位绝对权力者，有着完全不可测的态度，你这样判会惹怒他，但并不表示你反过来判他就会同意。他运用权力的主要方式，就是表现他的不同意，他高于任何人的判断，并且对于他认定的错误，无限上纲施加不相称的严厉惩罚。他不只挑剔、苛刻，他看所有的人都不顺眼。

他决定的罚远过于罪。"乱世用重典"是基本的原则，崇祯年间，社会上是开始乱了，不过官僚体系并不乱，而皇帝动用重刑处罚的，不是流寇，不是女真，那些他根本抓不到处理不了，他罚的甚至杀的，是自己的大臣。

如果说他的朝中真的有很多桀骜不驯的大臣，必须严格规范不然就会滥权乱政，那还的确需要用这种方式恐吓约束他们。然而崇祯皇帝面对的，明明就是已经在绝对皇权下被深度洗脑的一群人。正因为他们已经被深度洗脑，崇祯皇帝才能要换就换、要杀就杀，换得那么频繁，杀了那么多高官。

很明显，崇祯朝诛杀那么多大臣，不只是杀袁崇焕，不只是没有国家治理上的道理，甚至从巩固统治的角度看，也没有任何意义。崇祯皇帝和万历皇帝一样，从来不曾有过任何统治权力的危机，不曾有任何因素威胁到皇帝的绝对权力地位。

所以对于他的行为，只能从个人心理状态上去解释。那是一种自我保护的绝对状态，他眼中坚持绝对的是与非，而自己必须、必然是在对的那一边。他确认自己存在的主要方式，是不断试验自己握有不容任何人否定、反抗的权力。

扩大来看，崇祯皇帝的风格，在历史上不完全是特例，而是绝对权力者的共同人格倾向。一般人在日常生活中都必须理解自我权力的界限，你知道哪些是你可以规定、可以决定的。在这一小块区域之外，都是你的权力所无法触及之处，你只好听别人的，只能被动接受。然而绝对权力者生活中没有这种固定的界限，因而有了对他们的持续诱惑——去试探难道有什么是我不能做的？我的权力到底有什么限制？我真的什么都能做吗？会不会有什么事情是我不能做的？

绝对权力者感染了一种神经质，不断去试验权力的边界，崇祯皇帝身上明显有这样的神经质反应。在位17年，比起他的祖父万历皇帝，他勤奋百倍，做了很多事，光是不断的人事调度，任用这个、罢黜那个，加上流放这些、诛杀那些，就够他忙的了。他很忙，然而他做的所有事情都很草率。

11

三饷并征，崇祯君臣给李自成的大礼

和明朝最终灭亡关系密切的一件事，是"三饷"——"辽饷"、"剿饷"和"练饷"，这是因应三项特殊开支而来的加赋。辽东问题需要钱，围剿流寇需要钱，各地练兵需要钱，原本就极度不稳定的国家财政当然无法支应。

"辽饷"是熹宗时便已经开征了，"剿饷"和"练饷"是崇祯皇帝时再增添的。"三饷"给予农民很沉重的压力。看一下崇祯十年所定的"剿饷"，共分为四种方式来增加国家税赋收入。

第一种是"因粮"，按照原本要缴的实物征收提高比例。第二种是"溢地"，用土地面积来计算，有多大面积的土地就必须添缴多少钱粮。第三种是"事例"，那是卖身份，朝廷将监生的身份资格卖给有钱人，出得起钱的人就能够捐得监生地位。第四种是

"驿递"，借由撤销一部分驿站系统省下来的钱。

这四种办法加在一起，称为"剿饷"。朝臣将办法呈给皇帝，皇帝的反应是：这样人民会很苦啊！不过他的体恤得到的结论不是：那就不要开征吧，也不是：那就另外想别的办法；而是："暂累吾民一年"，那就只征这一年吧！

一年过去了，"剿饷"没有废除，而是下令减半征收。但减半了朝廷费用不足，于是另外开征"练饷"，表示将练兵的费用另外分出来，从土地上征收。大臣给皇帝的说法是，地主都是有产业有财富的人，依土地征收只影响到这些地主。

然而接下来在以"剿饷"数额为基础计算"练饷"征收额度过程中，为了增加"练饷"，又将本来减半的"剿饷"恢复全征了。所以加了"练饷"却没有减"剿饷"，实际上是"三饷并征"，因为分成三种不同的稽征方法，大幅加重了官僚体系的负担，以至于无法核实，必定在过程中产生许多弊端与不公平，除了增加负担之外，还导致更强烈的民怨。

崇祯皇帝对于人民的照顾，停留在心情上，不会落实在行事上。征一年、减半征、多征"练饷"、恢复全征，过程很仓促，不规划不讨论，也在皇帝面前无从规划无从讨论，都在忙碌中快速定案。

于是流寇新建的政权，光靠一个"迎闯王，不纳粮"的口号，就突破了原来占领的地区，扩张到更广大的范围。这是崇祯君臣送给李自成的大礼，不顾人民感受草率加征钱粮，以至于人民觉得只要可以"不纳粮"，其他什么都可以接受了。

"三饷并征"显示国家财政进入危急状态，不过与此形成对照，全面参与决策的皇帝，却从来没有表现过要用什么方式共体时艰。在中国历史上建立了长久的惯例，遇到国家困穷时，皇帝会象征性地减少官内开支，或是将属于皇室的收入、财产部分捐赠出来。

然而遍查史料，一直到明朝灭亡，崇祯皇帝都没有做过这样的事。他的自我中心使得他没有意识到这件事，他的朝臣匍匐在绝对权力之前，也不敢提醒他、建议他牺牲一点自己的利益。整个国家都是他的，而他自己的还是他的。在这样的心态下，要处理解决明末乱局，显然是不可能的。

流寇攻入北京城，在煤山上吊自杀前，崇祯皇帝留下的最后遗言，仍然是在为自己开脱责任，说："皆诸臣误朕。"（《明史·庄烈帝本纪二》）弄到亡国了，依然所有的错都是别人的，和他无关。尤其是令人心寒的这个"皆"字，一竿子打翻一船人，除了自己不能有任何责任外，朝臣没有一个不是坏蛋。这最精确地反映了崇祯皇帝的极端个性。